토마스 아퀴나스 신학대전 46

# 활동과 관상

안 소 근 옮김

제2부 제2편
제179문 - 제182문

신학대전 46
# 활동과 관상

2025년 10월 10일 교회인가(원주교구)
2025년 10월 14일 1판 2쇄 발행

간행위원 | 이경상 주교 †정의채 몬시뇰 이재룡 신부(위원장)
　　　　안소근 수녀 윤주현 신부 이상섭 교수 정현석 교수
　　　　박승찬 교수 임경헌 교수 조동원 신부

지은이 | 토마스 아퀴나스
옮긴이 | 안소근
펴낸이 | 이재룡
펴낸곳 | 한국성토마스연구소

우편주소 | 25244 강원도 횡성군 우천면 경강로산전7길 28-53
전화번호 | 033) 344-1238
전자우편 | stik2019@naver.com
홈페이지 | http://www.stik.or.kr
출판등록 | 제2018-000003호 2018년 6월 19일
인쇄제작 | 오엘북스

ⓒ 한국성토마스연구소

보급 | 한국출판협동조합＿가톨릭출판사, 교보문고, 알라딘, 예스24

값 15,000원

ISBN 979-11-990519-9-7 94160
ISBN 979-11-969208-0-7(세트) 94160

*Summa Theologiae*, vol.46
by St. Thomas Aquinas
Korean translation copyright ⓒ 2025 by St. Thomas Institute in Korea

All rights reserved
Published by St. Thomas Institute in Korea

> 이 책은 저작권법에 따라 보호를 받는 저작물이므로 무단전재와 복제를 금지하며, 이 책의 내용 전부 또는 일부를 이용하려면 반드시 저작권자인 한국성토마스연구소의 서면 동의를 받아야 합니다.

토마스 아퀴나스 신학대전 46

# 활동과 관상

S. Thomae Aquinatis
SUMMA THEOLOGIAE

안 소 근 옮김

제2부 제2편
제179문 – 제182문

한국성토마스연구소

# 차 례

프란치스코 교황 강복장 / vii

성 요한 바오로 2세 교황의 격려와 축복의 말씀 / ix

교황 레오 13세의 회칙 발췌문 / xiv

성 바오로 6세 교황의 교황교서 발췌문 / xvi

성 요한 바오로 2세 교황의 회칙 발췌문 / xviii

『신학대전』 완간을 꿈꾸며 / xxi

『신학대전』 간행계획 / xxiv

일러두기 / xxvi

일반 약어표 / xxx

성 토마스 작품 약어표 / xxxii

'활동과 관상' 입문 / xxxvii


## 제179문 활동 생활과 관상 생활에 대하여 / 3
제1절 생활을 활동 생활과 관상 생활로 구분하는 것은 적절한가 / 3

제2절 생활을 활동 생활과 관상 생활로 구분하는 것은 충분한가 / 9

## 제180문 관상 생활에 대하여 / 15
제1절 관상 생활은 감정과는 무관하고 온전히 지성 안에서만 이루어지는가 / 17

제2절 윤리덕들은 관상 생활에 관련되는가 / 21

제3절 다양한 행위들이 관상 생활에 속하는가 / 29

제4절 관상 생활은 오직 하느님만을 관상하는 것인가, 아니면 어떤 진리든
　　　다 고찰하는 것인가 / 35

제5절 현세의 삶의 상태에서 관상 생활이 신적 본질을 보는 데에 이를 수
     있는가 / 45
제6절 관상의 작용은 원형, 직선형, 나선형의 세 가지 움직임으로 적절하게
     구별되는가 / 53
제7절 관상에 쾌락이 있는가 / 63
제8절 관상 생활은 지속되는가 / 73

## 제181문 활동 생활에 대하여 / 79

제1절 윤리덕의 모든 행위는 활동 생활에 속하는가 / 79
제2절 현명은 활동 생활에 속하는가 / 85
제3절 가르치는 것은 활동 생활의 행위인가, 관상 생활의 행위인가 / 91
제4절 현세의 삶이 끝난 다음 활동 생활은 남아 있을 것인가 / 97

## 제182문 활동 생활과 관상 생활의 비교에 대하여 / 105

제1절 활동 생활은 관상 생활보다 우월한가 / 105
제2절 활동 생활은 관상 생활보다 공로가 큰가 / 115
제3절 관상 생활은 활동 생활로 방해를 받는가 / 123
제4절 활동 생활은 관상 생활에 선행하는가 / 127

주제 색인 / 134
인명 색인 / 137
고전작품 색인 / 138
성 토마스 작품 색인 / 140
성경 색인 / 141

His Holiness Pope Francis
cordially imparts his Blessing to
The Reverend Simon Jae-Ryong Lee and the members of the
Saint Thomas Institute in Korea on the happy occasion of the
Jubilee of Saint Thomas Aquinas.

The Holy Father prays that the work of the Institute
in seeking to convey the richness of Thomas' teachings
in the Korean language will open the hearts and minds
of many to the beauty and truth of the Catholic faith,
and bear abundant fruit by creating disciples
that can joyfully bear witness to the salvific message of the Gospel.

Pope Francis entrusts all associated with
the Institute to the loving intercession of
Mary, Mother of the Church.

From the Vatican, 4 January 2025

*Edgar Peña Parra*
Substitute

# 프란치스코 교황 강복장

교황 프란치스코 성하께서는
친애하는 이재룡 시몬 신부님과
한국성토마스연구소의 모든 구성원들께
성 토마스 아퀴나스의 탄생 800주년 대희년에
마음에서 우러나오는 축복을 드리는 바입니다.

교황 성하께서는
토마스의 풍부한 가르침을 한글로 옮겨 전하려는
연구소의 값진 사업으로, 많은 이들의 마음과 정신이
가톨릭 신앙의 아름다움과 진리를 향해 활짝 열려,
복음의 기쁜 소식을 전할 수 있는 제자들이 많이 나오고
또 풍성한 열매를 맺게 되기를 기도하십니다.

교황 성하께서는
연구소와 연결되어 있는 모든 사업을
교회의 어머니이신 성모 마리아님의
사랑 가득한 전구에 맡겨 드립니다.

2025년 1월 4일
바티칸시국 국무성 장관
에드가 페냐 파라 대주교

FROM THE VATICAN

April 26, 1994

Dear Father Tjeng,*

His Holiness Pope John Paul II was indeed pleased to learn that a Korean translation of the *Summa Theologiae* of Saint Thomas of Aquinas is being published. He warmly encourages you and your collaborators in this enterprise, which will lead not only to a better knowledge of the teachings and method of the one whom Pope Leo XIII called "inter Scholasticos Doctores, omnium princeps et magister"(Leo XIII, *Aeterni Patris*, No. 22), but also to a most fruitful encounter between Christian philosophy and theology and the intellectual traditions of Korea.

Only recently, His Holiness referred to the unique place of Saint Thomas in the history of thought by stating that "the philosophical and theological synthesis which he elaborated is a solid, lasting possession for the Church and humanity"(*Great Prayer*, 16 March 1994, No. 6). That synthesis flows from the principle that there is a profound and inescapable harmony between the truths of reason and

---

\* The Reverend Paul Tjeng Eui-Chai

## 성 요한 바오로 2세 교황의 격려와 축복의 말씀

친애하는 정의채 바오로 신부님,

교황 요한 바오로 2세 성하께서는 성 토마스 아퀴나스의 『신학대전』이 한국어로 번역·출판되고 있다는 소식을 들으시고 매우 기뻐하십니다. 이 작업에 참여하는 이들을 따뜻한 마음으로 격려하십니다. 이 작업은 교황 레오 13세 성하께서 "스콜라 학자들의 수장(首長)이며 스승"(레오 13세, 『영원하신 아버지』 22항)이라고 부르신 성 토마스의 가르침과 방법에 대해 보다 깊은 이해를 하게 할 뿐만 아니라 그리스도교의 철학과 신학이 한국의 전통 사상과 만나 매우 풍요로운 결실을 맺게 할 것입니다.

교황 성하께서는 최근에도 "성 토마스가 집대성한 철학적·신학적 종합은 교회와 온 인류의 건실하고 항구한 자산입니다."(『위대한 기도』 1994년 3월 16일, 6항)라고 하시어, 사상사에 있어 성 토마스가 차지하는 독보적인 위치를 확인하셨습니다. 성 토마스가 이룩한 종합은 이성의 진리와 신앙의 진리 사이에는 근본적이고 불가피한 조화가 존재한다는 원리로부터 비롯됩니다.(제8차 국제 토마스 회의에서의 말씀 : 1980년 9월 13일, 2항 참조)

those of faith.(cf. *Address to Eighth International Thomistic Congress* : 13 September 1980, No. 2)

The heart of Saint Thomas'reflection is man's relationship to God, his Creator and Lord. He sees man as proceeding from creative divine wisdom and returning to the Father on the basis of an elevation of the human intellect and will, through the grace of Christ's redemptive love. Indeed, he defines man as "the horizon of creation in which heaven and earth join, like a link between time and eternity, like a synthesis of creation."(Ibid., No. 5)

For Saint Thomas, true philosophy should faithfully mirror the order of things themselves, otherwise it ends by being reduced to an arbitrary subjective opinion. "This realistic and historical method, fundamentally optimistic and open, makes St. Thomas not only the 'Doctor Communis Ecclesiae', as Paul VI calls him in his beautiful Letter *Lumen Ecclesiae*, but the 'Doctor Humanitatis', because he is always ready and disposed to receive the human values of all cultures."(Ibid., No. 4) Is this approach itself not a solid point of contact with the great philosophical systems of the East and a sure promise of a very fruitful dialogue between the intellectual traditions of East and West? Such a dialogue in turn is the obligatory path of the progress of human culture, as well as a requisite for a deeper inculturation of Christianity among the peoples of the vast continent of Asia.

His Holiness values the present translation as an important

성 토마스 사상의 핵심은 인간이 자신의 창조자이며 주님이신 하느님과 맺고 있는 관계입니다. 성 토마스는 인간을 하느님의 창조적 지혜에서 출발하여, 인간 자신의 지성과 의지를 고양(高揚)시키는 그리스도의 구원적 사랑의 은총에 힘입어 아버지께로 다시 돌아가는 존재로 봅니다. 바로 그렇기 때문에 성 토마스는 "인간을 하늘과 땅이 만나는 창조의 지평, 시간과 영원의 연결고리, 또는 창조의 종합"으로 정의합니다.(같은 곳, 5항)

사실 성 토마스가 보기에 참다운 철학이란 실재 자체의 질서를 성실하게 반영하여야 합니다. 만일 그렇지 못하다면 철학이란 한낱 인위적인 주관적 견해로 전락하고 말 것입니다. "근본적으로 낙관적이고 개방적이며, 실재주의적이고 역사적인 이 방법은, 바오로 6세 성하께서 『교회의 빛』이라는 아름다운 서한에서 그를 지칭한 것처럼, 성 토마스를 '교회의 보편적 스승'일 뿐만 아니라 '인류의 스승'이 되게 해 줍니다. 그것은 성 토마스가 언제나 모든 문화 속에 포함되어 있는 인간적 가치들을 받아들일 준비가 되어 있기 때문입니다."(같은 곳, 4항) 이러한 그의 입장이야말로 동양의 위대한 철학 체계들과의 만남을 가능케 하는 건실한 기반이자, 동(東)과 서(西)의 지성적 전통 사이의 창조적 교류를 약속하는 것이 아니고 무엇이겠습니까? 그리고 이와 같은 교류는 인류 문화가 발전해 가야 할 도정(道程)임과 동시에 아시아라는 방대한 대륙에 사는 민족들에게 그리스도교가 더 깊이 토착화되기 위한 필수조건인 것입니다.

교황 성하께서는 현재 진행되고 있는 번역 작업을 그런 숭고한 목적

contribution to these lofty goals. He invokes an abundance of divine blessings upon the authors, publishers and readers of this masterpiece of Christian philosophy and theology.

With good wishes, I am

Sincerely yours in Christ,

*Card. Angelo Sodano*

Cardinal Angelo Sodano
Secretary of State

을 달성하는 데 기여하는 중요한 작업으로 평가하고 계십니다. 교황 성하께서는 그리스도교 철학과 신학에 관한 이 위대한 걸작을 번역하는 이와 출판하는 이와 읽는 이 모두에게 주님의 풍성한 축복이 내리기를 기도드리십니다.

1994년 4월 26일

그리스도 안에서 만사형통하시기를 빌며,
바티칸국 국무성 장관
추기경 안젤로 소다노

## 교황 레오 13세의 회칙 발췌문
『영원하신 아버지』(Aeterni Patris, 1879)

30. 그러므로 더할 나위 없이 타당한 이유를 가지고 상당수의 철학자들이 철학을 쇄신하기 위해서는 토마스 데 아퀴노의 놀라운 가르침을 그 순수한 광채 속에서 회복시켜야 한다고 믿고 헌신적으로 투신하였습니다.

그리고 저에게, 이 '천사적 박사'라는 수원(水源)으로부터 영구히 풍부하게 흘러넘치는 가장 순수한 지혜의 강물을 온 세계 젊은이들에게 넉넉하게 마시게 하는 일보다 더 소중하고 바람직한 일은 없다는 점을 모든 이에게 확실하게 일러두는 바입니다.

32. 그리고 신앙에서 멀어져서 가톨릭교회의 가르침을 미워하는 사람들 가운데 상당수는 오직 이성만을 유일한 스승이며 안내자로 삼는다고 선언하고 있습니다. 가톨릭 신앙으로써 그들을 치유하고 은총으로 돌아오게 하려면, 하느님의 초자연적 도우심 다음으로는 교부들과 스콜라 학자들의 건전한 가르침보다 더 적절한 것은 없습니다. 이들은 신앙의 튼튼한 토대, 그 신적인 기원, 그 확실한 진리, 그 증명 논거, 인류에게 가능해진 은혜, 그리고 이성과의 완전한 조화 등을 증명하였고, 또 너무도 명료하고 강력했기 때문에, 주저하는 자들과 허풍떠는 자들까지도 회심시키기에 충분했습니다.

타락한 이론들의 해악 때문에 우리가 모두 목격하고 있듯이 매우 심

각한 위험에 노출되어 있는 가정과 시민사회조차도, 만일 대학과 학교들에서 교회의 가르침에 가장 일치되는 건전한 교육이 시행되기만 했더라면 분명 훨씬 더 평온하고 확실한 기반 위에 서 있을 수 있었을 것입니다. 우리는 바로 이런 가장 건전한 가르침을 토마스 데 아퀴노의 작품들 속에서 발견합니다. 왜냐하면 오늘날 방종으로 변형되고 있는 자유의 진정한 본성, 법칙과 그 힘, 자명한 원리들의 영역, 더 높은 권위에 대한 마땅한 복종, 인간 상호간의 사랑 등에 대한 토마스의 가르침들은 사회질서의 평온과 대중의 안녕에 위험하기 짝이 없는 새로운 법의 원리들을 전복시킬 수 있는 대단히 강력하고 꺾일 수 없는 힘을 지니고 있기 때문입니다.

36. 특별히 신중한 분별력을 가지고 그대들[전 세계 주교들]이 뽑은 스승들[신학교와 가톨릭 대학교 교수들]은 자기 제자들의 정신이 성 토마스 데 아퀴노의 가르침으로 관통될 수 있도록 깊은 노력을 기울여야 하며, 그의 가르침이 다른 모든 이론에 견주어 얼마나 튼튼하고 월등한지를 분명히 해야 합니다.

# 성 바오로 6세 교황의 교황교서 발췌문
『교회의 빛』(Lumen Ecclesiae, 1974)

1. 당당하게 "교회의 빛이자 세상 전체의 빛"(Lumen Ecclesiae atque mundi universi)이라는 칭호로 칭송을 받을 자격이 있는 토마스 아퀴나스 성인은 1274년 3월 7일, 저의 선임자인 그레고리오 10세 복자의 명으로 제2차 리옹 공의회에 참석하러 가던 중에, 포사노바(Fossanova)에서 선종하였습니다.

2. 저는 선종 700년이 지났음에도 토마스 성인이 과거의 위대한 스승이요 사상가로서뿐만 아니라 그의 원리들, 그의 가르침, 그의 방법의 '현실성' 때문에도 경축되어야 한다고 주장하는 이들에 대한 저의 동의를 표시하고 싶습니다.

12. 토마스 성인도, 비록 진리를 대단히 날카롭게 탐구함으로써 이성의 가장 높은 절정에까지 고양되었음에도, 신앙의 숭고하고도 형언할 길 없는 신비 앞에서는 어린이처럼 작아질 줄 알았고, 그래서 그는 십자고상과 제대 앞에 엎드려 맑은 눈으로 하느님의 위업들을 탐색할 수 있게 해 줄 지성의 빛과 마음의 순결함을 탄원하였으며, 연구보다는 기도를 통해 더 자신의 지식을 얻을 수 있었음을 인정하였습니다.

13. 의심의 여지 없이 토마스 성인은 하느님 섭리의 안배 덕분에 흔

히 지칭하듯이 신학과 '스콜라' 철학 전체의 정점에 도달하였고, 교회 안에서 그때에도 그 이후에도 그것을 주축으로 그리스도교 사상이 큰 진보를 이루며 펼쳐질 수 있었던 중심축을 이루었습니다. 그러므로 '교회의 보편학자'(Doctor Communis Ecclesiae)인 그에게는 올해 그의 서거 700주년을 맞이하여, 그가 그리스도교 백성 전체의 유익을 위해서 작업한 모든 것들에 대한 감사의 표시로 그리고 그의 불멸의 위대성(praestantia nunquam defutura)에 대한 인정과 존중으로서 우리의 칭송을 보내는 바입니다.

14. 교회는 여러 세기를 거치면서, 특히 피렌체 공의회, 트리엔트 공의회, 제1차 바티칸 공의회, 그리고 교회법전의 성문화와 제2차 바티칸 공의회의 시기와 같이 역사적으로 중요한 순간을 맞을 적마다, 토마스 성인의 가르침의 영속적 가치를 인정하였습니다.

# 성 요한 바오로 2세 교황의 회칙 발췌문
## 『신앙과 이성』(*Fides et Ratio*, 1998)

    43. 이 오랜 발전 과정에서 성 토마스 데 아퀴노(St. Thomas de Aquino)는 특별한 자리를 차지하고 있습니다. 그것은 그가 가르친 내용 때문만이 아니라 당대의 아랍 사상과 유다교 사상과 나눈 대화 때문입니다. 그리스도교 사상가들이 고대 철학, 특히 아리스토텔레스의 보화들을 재발견하고 있던 시대에, 성 토마스는 신앙과 이성 사이의 조화에 영예로운 자리를 배정한 위대한 공로를 가지고 있습니다. 이성의 빛과 신앙의 빛은 둘 다 하느님에게서 오는 것이고, 따라서 양자 사이에는 어떠한 모순도 있을 수 없다고 그는 논증하고 있습니다.

    더욱 근본적으로, 토마스는 철학의 일차적 관심사인 자연(natura)이 하느님의 계시를 이해하는 데 적극적으로 기여할 수 있다는 것을 인정합니다. 따라서 신앙은 이성을 두려워할 필요가 없고, 오히려 이성을 추구하고 그것에 대해서 신뢰를 가지고 있습니다. 은총이 자연에 의존하고 자연을 완성시키듯이, 신앙은 이성에 의존하고 이성을 완성합니다. 신앙을 통해서 조명받을 때, 이성은 죄의 불복종 때문에 오는 연약성과 한계로부터 해방되어, 삼위일체 하느님에 대한 지식으로 고양되는 데 요구되는 힘을 얻게 됩니다….

    바로 그렇기 때문에 교회는 한결같이 성 토마스를 사고의 스승이며 올바른 신학자의 전형으로 추천해온 것입니다. 이 점에 관해서 저는 선임자인 하느님의 종 교황 바오로 6세께서 천사적 박사의 서거 700

주년[1974년]의 기회에 하신 말씀을 상기하고 싶습니다. "의심할 바 없이, 토마스는 진리에의 용기, 새로운 문제들을 직면할 때의 정신의 자유, 그리고 그리스도교가 세속 철학이나 편견으로 감염되는 것을 허용하지 않는 사람들의 지적 정직성 등을 최고도로 소유하고 있었습니다. 따라서 그는 그리스도교 사상사 속에서 언제나 새로운 철학과 보편적 문화에 이르는 길의 선구자로 남아 있습니다."(『교회의 빛』 8항)

44. 성 토마스의 또 하나의 위대한 통찰은, 지식이 지혜로 성장해 가게 되는 과정에서 성령의 역할을 깊이 깨닫고 있었다는 사실입니다. 그의 『신학대전』(*Summa Theologiae*)의 앞머리에서 아퀴나스는, 성령의 선물로서 천상의 것들에 대한 지식으로의 통로를 열어주는 지혜의 우위성을 날카롭게 보여주고 있습니다….

"진리는 누가 발설하든지 간에 모두 성령으로부터 오는 것"(omne verum a quocumque dicatur a Spiritu Sancto est)임을 깊이 확신하고 있던 성 토마스는 그의 진리 사랑에 공평무사했습니다. 그는 어디에서든지 진리를 추구하였고, 진리의 보편성을 입증하는 데 전력을 다했습니다. 교회의 교도권은 그에게서 진리를 향한 열정을 인정하였습니다. 그리고 정확히 그것이 일관되게 보편적이고 객관적이며 초월적인 진리의 지평 속에 머무르기 때문에, 그의 사상은 '인간 지성이 결코 생각해 낼 수 없었을 높은 경지'에 도달했습니다. 그는 정당하게도 '진리의 사도'(apostolus veritatis)라고 불릴 수 있을 것입니다. 확고하게 진리만을 추구하는 토마스의 실재주의(realismus)는 진리의 객관성을 인정하고 '현상'의 철학뿐만 아니라 '존재'의 철학(philosophia essendi)까지도 제시할 수 있습니다.

57. 교황 레오 13세께서는 회칙 『영원하신 아버지』(Aeterni Patris)에서 신앙과 이성 사이의 관계에 관한 제1차 바티칸공의회의 가르침을 발전시키는 가운데, 철학적 사고가 신앙과 신학에 얼마나 깊이 공헌하는지를 보여주셨습니다. 한 세기 이상이 지났지만 그 회칙이 담고 있는 실천적이고 교육적인 통찰들은 그 중요성을 조금도 잃어버리지 않았습니다. 특히 성 토마스의 철학이 지니고 있는 그 어느 것에도 비할 수 없는 가치에 관한 강조는 더욱 그렇습니다. '천사적 박사'의 사상에 대한 쇄신된 강조야말로 교황 레오 13세께는 신앙의 요구들에 부합되는 철학의 활용을 활성화시키는 최선의 길로 비쳐졌습니다. "성 토마스는 이성과 신앙을 날카롭게 구분하였습니다. 그러나 이 양자를 조화시켜 각각 자신의 권리와 품위를 고스란히 간직하게 할 수 있었습니다."

78. 이 성찰들의 빛 속에서, 교도권이 왜 반복적으로 성 토마스 사상의 공로들을 격찬하고 그를 신학 연구의 인도자이며 전형(典型)으로 삼았는지가 명백히 드러납니다. 이것은 순수하게 철학적인 문제들에 대해서 어떤 입장을 취하기 위해서도 아니고, 또 특정 이론들에 대한 호감을 표시하기 위한 것도 아니었습니다. 교도권의 의도는 언제나, 성 토마스가 어떤 의미에서 진리를 추구하는 모든 사람을 위한 진정한 전형인지를 보여주자는 것이었습니다. 실상 그의 성찰 속에서 이성의 요구들과 신앙의 힘이, 일찍이 인간 사고가 이룩한 가장 고상한 종합을 발견합니다. 왜냐하면 그는 이성에게 고유한 모험을 평가 절하함이 없이, 계시를 통해서 도입된 근본적인 새로움을 옹호할 수 있었기 때문입니다.

## 『신학대전』 완간을 꿈꾸며

　그리스도교 2000년 역사에서는 물론 인류 문화사에서도 경이로운 불후의 걸작으로 인정받고 있는 방대한 『신학대전』을 대역판으로 간행하는 이 대사업은 정의채(鄭義采) 몬시뇰(1925-2023)의 혜안과 용단에서 비롯되었다. 몬시뇰께서는 그리스도교 전래 200주년(1784-1984년)을 기념한 다음해인 1985년에 첫 권을 발간한 이래 꾸준히, 어려운 여건 가운데서도 고군분투하며 전체 3부 60권(보충부까지 포함하면 72권) 가운데 10권을 직접 번역하였고, 2006년 즈음부터는 소장 학자들에게도 번역 지침을 주어 과제를 분담하고 또 탈고 단계에서는 직접 감수를 통해 지도 편달함으로써 5권을 더 출간하였다. 여기에는 강윤희 신부, 김율 교수, 김정국 신부, 김춘오 신부, 윤종국 신부, 이상섭 교수, 이진남 교수, 채이병 박사 등이 참여했고, 막바지에는 이재룡 신부도 가담했다. 그렇게 해서 제1부를 모두 마치고, 인간의 윤리 문제(제2부 전체)의 궁극 목표인 '행복'에 관해 논하는 첫 다섯 문제(제16권)까지 출간해냈다.

　이제까지 도서 출판을 통한 복음 전파를 카리스마로 삼고 있는 '바오로딸수도회'가 어려운 출판 여건 속에서도 큰 희생을 기꺼이 감내하며 몬시뇰의 피땀 어린 노력을 묵묵히 뒷받침해 왔다. 몬시뇰과 수도회에 깊은 존경과 감사의 뜻을 전하고 싶다.

　그런 가운데 서울대교구 교구장이신 염수정(廉洙政) 추기경은 2016년 8월, 15년 뒤에 맞게 될 천주교 조선교구 설정 200주년(1831-2031

년)까지는 『신학대전』을 완간해야겠다는 큰 계획을 세우고 이미 번역진에 합류하고 있던 이재룡 신부를 그 전담 책임자로 임명하였다. 계획대로 추진된다면, 그리스도교가 이 땅에 들어온 지 근 반세기 만에 교구가 설정됨으로써 제대로 체제를 갖춘 당당한 지역 교회가 되었듯이, 『신학대전』도 근 반세기 만에 완간될 것이다.

전담 책임을 맡은 이재룡 신부는 우선 '한국성토마스연구소'(St. Thomas Institute in Korea)를 설립하고, 바오로딸출판사와 긴밀히 상의하며 이제까지 몬시뇰께서 추진해온 출간사업을 계승하여, 완간된 부분과 진행 중인 작업들을 총점검하고 향후 사업 일정을 확정하여 2017년 12월 《천주교조선교구설정 200주년기념 신학대전간행사업(2019-2031)》이라는 제목으로 교구장님께 보고드렸다. 간행위원단 구성은 손희송 주교, 정의채 몬시뇰, 이재룡 신부(위원장), 안소근 수녀, 윤주현 신부, 이상섭 교수, 정현석 박사로 단순화하였다. 2019년부터 13년간 매년 분책 4-5권씩을 번역해낸다는, 다소 무리한 계획이었지만, 최근 완간된 일어 역본(2007년)과 대만에서 발간된 한역본(2009년)도 자극제가 되어 200주년을 넘지 않도록 서두르기로 하였다.

2019년 말, 감사하게도 총 12개년(2020-2031년)에 걸친 천주교조선교구설정 200주년기념 신학대전간행사업이 문화체육관광부의 '국고지원사업'으로 선정되었다. 사업의 중심 내용은 당연히 『신학대전』의 나머지 부분인 분책 50권('보충부' 포함)의 간행이지만, 여기에 보조장치 3권(『입문』, 『총색인』, 『요약』)과 선결 필수 사업으로 판단되는 3권의 사전(『성 토마스 개념사전』, 『교부학사전』, 『라틴어사전』) 간행을 추가하였다.

이제부터 시작이지만, 여기까지 오는 데에도 우여곡절을 거쳐야 했는데, 매일 묵주기도 5단을 바치며 성모님과 토마스 아퀴나스 성인님께 도움을 청했고, 고비 때마다 기묘한 방식으로 도와주시는 주님 섭리의 손길을 느꼈다. 그리고 많은 분들의 도움을 받았다. 존경하는 교구장님과 정진석(鄭鎭奭) 추기경(1931-2021)님을 비롯한 교구 주교님들과 다른 주교님들, 동창 신부님들과 선후배 신부님들, 그리고 사업을 하시는 몇몇 지인들의 적극적인 격려와 지원 외에도, 일선 사목 현장에서 동고동락했던 잠실, 오류동, 혜화동 성당의 교우들과 교리신학원 제자들도 꾸준히 정기적으로 도움을 주고 있다. 그리고 세 차례에 걸친 국고지원 신청 과정에서 적극적인 행정적 지도와 격려를 아끼지 않은 문화체육관광부의 장우일 종무관과 실무진, 만만찮은 대응자금 문제 때문에 어려움을 겪고 있을 때 길을 열어주고 적극적인 지지를 보내 준 김영국 신부님과 이경상 신부님을 비롯한 학교법인 가톨릭학원 신부님들의 도움이 컸다. 마지막으로, 지난해에 무리한 계획과 국고 지원 신청 과정 때문에 출판 일정이 겹치고 뒤엉겨 절망적인 국면에 처했을 때 흔쾌히 도움의 손길을 내밀고 끝까지 동행하기로 한 '기쁜소식'의 전갑수 사장님께 감사의 뜻을 전하고 싶다.

  이렇게 많은 분들의 기대와 성원을 받으며 전능하신 하느님의 보호와 우리나라의 주보(主保)이신 성모 마리아의 도우심과 '인류의 스승'(Doctor Humanitatis)인 토마스 성인의 전구에 힘입어 벅찬 희망을 안고 대여정의 첫걸음을 내딛는다.

2020년 성모성월에
한국성토마스연구소에서
간행위원장 이재룡 신부

# 『신학대전』 간행계획
## (2031년 완간)

**[제1부]**

01 (ST I, 1-12) 하느님의 존재, 정의채 옮김, 1985. 3판 2014.
02 (ST I, 13-19) 하느님의 생명, 정의채 옮김, 1993. 2판 2014.
03 (ST I, 20-30) 하느님의 작용과 위격, 정의채 옮김, 1994. 2판 2000.
04 (ST I, 31-38) 위격들의 구별, 정의채 옮김, 1997.
05 (ST I, 39-43) 위격들의 관계, 정의채 옮김, 1998.
06 (ST I, 44-49) 창조, 정의채 옮김, 1999.
07 (ST I, 50-57) 천사, 윤종국 옮김, 2010.
08 (ST I, 58-64) 천사의 활동, 강윤희 옮김, 2020.
09 (ST I, 65-74) 우주 창조, 김춘오 옮김, 2010.
10 (ST I, 75-78) 인간, 정의채 옮김, 2003.
11 (ST I, 79-83) 인간 영혼의 능력, 정의채 옮김, 2003.
12 (ST I, 84-89) 인간의 지성, 정의채 옮김, 2013.
13 (ST I, 90-102) 하느님의 모상으로 창조된 인간, 김율 옮김, 2008.
14 (ST I, 103-114) 하느님의 통치, 이상섭 옮김, 2009.
15 (ST I, 115-119) 우주의 질서, 김정국 옮김, 2010.

**[제2부 제1편]**

16 (ST I-II, 1-5) 참행복, 정의채 옮김, 2000.
17 (ST I-II, 6-17) 인간적 행위, 이상섭 옮김, 2019.
18 (ST I-II, 18-21) 도덕성의 원리, 이재룡 옮김, 2019.
19 (ST I-II, 22-30) 정념, 김정국 옮김, 2020.
20 (ST I-II, 31-39) 쾌락, 이재룡 옮김, 2020.
21 (ST I-II, 40-48) 두려움과 분노, 채이병 옮김, 2020.
22 (ST I-II, 49-54) 습성, 이재룡 옮김, 2020.
23 (ST I-II, 55-67) 덕, 이재룡 옮김, 2020.
24 (ST I-II, 68-70) 성령의 선물, 채이병 옮김, 2020.
25 (ST I-II, 71-80) 죄, 안소근 옮김, 2020.
26 (ST I-II, 81-85) 원죄, 정현석 옮김, 2021.
27 (ST I-II, 86-89) 죄의 결과, 윤주현 옮김, 2021.
28 (ST I-II, 90-97) 법, 이진남 옮김, 2020.
29 (ST I-II, 98-105) 옛 법, 이경상 옮김, 2021.
30 (ST I-II, 106-114) 새 법과 은총, 이재룡 옮김, 2021.

**[제2부 제2편]**

31 (ST II-II, 1-7) 신앙, 박승찬 옮김, 2022.
32 (ST II-II, 8-16) 신앙(II), 박승찬 옮김, 2022.
33 (ST II-II, 17-22) 희망, 이재룡 옮김, 2022.
34 (ST II-II, 23-33) 참사랑, 안소근 옮김, 2022.
35 (ST II-II, 34-44) 참사랑(II), 안소근 옮김, 2022.
36 (ST II-II, 45-56) 지혜와 현명, 이상섭 옮김, 2023.
37 (ST II-II, 57-62) 정의, 이재룡 옮김, 2023.
38 (ST II-II, 63-79) 불의, 박동호 옮김, 2023.
39 (ST II-II, 80-91) 종교와 경신, 윤주현 옮김, 2023.

40 (ST II-II, 92-100) 종교와 경신(II), 윤주현 옮김, 2024.
41 (ST II-II, 101-122) 사회적 덕, 김성수 옮김, 2024.
42 (ST II-II, 123-140) 용기, 임경헌 옮김, 2024.
43 (ST II-II, 141-154) 절제, 이재룡 옮김, 2024.
44 (ST II-II, 155-170) 절제(II), 이재룡 옮김, 2025.
45 (ST II-II, 171-178) 예언과 은사, 안소근 옮김, 2025.
46 (ST II-II, 179-182) 활동과 관상, 안소근 옮김, 2025.
47 (ST II-II, 183-189) 사목과 수도생활

[제3부]
48 (ST III, 1-6) 육화하신 말씀
49 (ST III, 7-15) 그리스도의 은총
50 (ST III, 16-26) 하느님과 인간 사이의 중재자
51 (ST III, 27-30) 동정녀 마리아
52 (ST III, 31-37) 그리스도의 유년기
53 (ST III, 38-45) 그리스도의 생활
54 (ST III, 46-52) 그리스도의 수난
55 (ST III, 53-59) 예수 부활
56 (ST III, 60-65) 성사
57 (ST III, 66-72) 세례와 견진
58 (ST III, 73-78) 성체성사
59 (ST III, 79-83) 영성체
60 (ST III, 84-90) 고해성사(*절필)

[보충부]
61 (ST Sup, 1-11) 통회
62 (ST Sup, 12-20) 보속과 열쇠
63 (ST Sup, 21-28) 냉담과 대사
64 (ST Sup, 29-33) 병자성사
65 (ST Sup, 34-40) 성품성사
66 (ST Sup, 41-49) 혼인성사
67 (ST Sup, 50-62) 혼인장애
68 (ST Sup, 63-68) 재혼
69 (ST Sup, 69-74) 죽음과 심판
70 (ST Sup, 75-86) 육신의 부활
71 (ST Sup, 87-96) 최후심판과 성인들
72 (ST Sup, 97-99) 단죄받은 자들
73 (***)   [신학대전 입문]
74 (***)   [간추린 신학대전]
75 (***)   [총색인]

## 일러두기

### 1. 『신학대전』의 대구조(macro-structura)

1.1. 성 토마스는 불후의 걸작인 이 방대한 작품을 신플라톤주의의 '발원-귀환'이라는 웅장한 구도를 활용하여 구성하고 있다. 그래서 제1부는 만물이 하느님으로부터 나오는 발원(發源, exitus) 과정이고, 제2부는 만물이 하느님께로 되돌아가는 귀환(歸還, reditus) 여정이며, 제3부는 그 귀환의 길 또는 수단이 되어주신 구세주의 위업(偉業)을 다루고 있다. 보충부는 일찍 찾아온 그의 죽음 때문에 미완으로 남게 된 (제3부의) 공백을 그의 제자, 혹은 제자 그룹이 그의 초창기 작품으로부터 관련 내용을 정리하여 옮겨다 채워 넣은 보완 부분이다.

1.2. 'I'(Prima Pars)은 제1부, 'I-II'(Prima Pars Secundae Partis)는 제2부 제1편, 'II-II'(Secunda Pars Secundae Partis)는 제2부 제2편, 'III'(Tertia Pars)은 제3부, 그리고 'Sup.'(Supplementum)은 보충부의 약식 기호들이다.

1.3. 지금 우리의 기획처럼, 방대한 『신학대전』의 내용을 나누어 출간하는 경우에, 분책(分冊)의 기초가 되는 단위로, 여러 개의 문(quaestio)들이 한데 모여 이루는 공동의 주제인 'tract.'(tractatus)를 '논고'(論考)라고 부른다.

1.4. 'q.'(quaestio)라고 표기되는 단위를 '문'(問)이라고 부른다.

1.5. '문'에서 제기된 문제를 해결하기 위해서는 필요한 만큼의 분절

작업(articulatio)이 요구되는데, 이렇게 세분된, 실질적인 논의의 기본 단위를 이루는 'a.'(articulus)를 '절'(節)이라고 부른다.

## 2. 절의 세부 구조(micro-structura)

각각의 절에서 본격적으로 논의되는 세부 내용은 규칙적인 형식으로 구성되어 있고, 크게 두 부분으로 대별된다. 먼저 권위 있는 가르침들이 찬-반(贊反)으로 제시되고, 다음에 저자 자신의 해결책이 제시된다.

2.1. 첫 번째 부분에서는 먼저, 중세 스콜라 학자들의 기본적인 학문 방법인 '권위'(auctoritas), 곧 성경과 교부들, 그리고 때로는 고대 철학자들을 비롯한 사상가들로부터 해당 주제에 대한 가르침들 가운데 (곧 제시될 필자의 입장에 반대되는) '부정적인' 가르침들이 엄선하여 제시된다. 곧 '반론들'(objectiones)로서, 보통 세 개 정도가 제시되는데, '반론 1'(obj.1), '반론 2'(obj.2)라 부른다.

2.2. 다음으로는 (역시 권위들 가운데에서) 그에 대해 반대되는, 곧 저자의 입장을 지지하는 긍정적인 가르침이 (보통은 하나) 제시된다. 곧 '재반론'(sed contra)이다.

2.3. 저자 자신의 독창적 해결책이 제시되는 두 번째 부분도 또다시 두 부분으로 구별되는데, 먼저 '답변'(Respondeo) 부분에서는 그 주제에 대한 저자 자신의 해결책이 제시되며, 가끔은 '본론'(corpus)이라고 불리기도 한다.

2.4. 그런 다음에 '해답'(solutio) 부분에서는 '답변'에서 확인한 결론들을, 앞머리에 제시되었던 반론들 하나하나에 대해 적용한다. 원문

에서 라틴어로 'ad1', 'ad2' 등으로 표시되는 것을 우리는 '제1답', '제2답' 등으로 부른다.

### 3. 본문과 각주에서의 유의 사항

3.1. 번역 대본은 비판본인 레오판(ed. Leonina)을 주로 따르고 있는 마리에티판이다: S. Thomas Aquinatis, *Summa Theologiae*, cum textu ex recensione Leonina, Taurini-Romae, Marietti, 1952.

3.2. (괄호) 속의 내용은 라틴 원문에 있지만, 길고 복잡한 문장 구조가 조금이나마 시각적으로 간명해지도록 역자가 임의로 괄호로 묶은 것이다.

3.3. [꺾쇠괄호] 안의 단어나 구절은 해당 라틴어 원문에는 없으나, 문맥상 요구된다고 판단되는 내용을 삽입한 것이다.

3.4. 성경은 기본적으로 한국천주교주교회의에서 발행한 『성경』을 따르지만, 내용에서 차이가 있는 경우에는 역자가 라틴 원문에 충실하게 번역하고, 각주에 『성경』 구절을 제시하였다.

3.5. 다양한 종류의 각주에 대해 아라비아 숫자로 일련번호를 매겼다. 단, 마리에티판의 권말에 추가주(adnotationes)로 실려 있는 내용을 번역한 경우에는 일련번호에 이어 '(*추가주)'라는 별도의 표시를 했다.

### 4. 약어표에 관하여

4.1. 일반적인 약어들을 '일반 약어표'로 제시하였다.

4.2. 성 토마스의 작품들에 대해서는 약어표를 따로 제시하였다.

4.3. 성경 약어에 대해서는 가톨릭교회에서 통용되는 일반 관례를 따른다.

4.4. 성 아우구스티누스를 비롯한 교부들의 작품들에 대해서는 한국교부학연구회가 펴낸 『교부 문헌 용례집』(수원가톨릭대학교출판부, 2014)을 따른다.

4.5. 아리스토텔레스를 비롯한 고대 사상가들의 작품들에 대한 약어는 한국서양고전철학회 등에서의 일반적인 관례를 준용한다.

# 일반 약어표

| | |
|---|---|
| **a.** | 절(articulus). 예) '제1절', '제7절' 등. |
| **aa** | 여러 절들(articuli). 예) aa.1-3은 '제1절에서 제3절까지'를 가리킴. |
| **ad1, ad3** | 제1답, 제3답: 절(articulus)을 시작하면서 제기되었던 반론들(objectiones)에 대해, 일일이 '해답'(solutio) 부분에서 해결책으로 제시하는 답변들. |
| **c.** | 장(capitulum). |
| **c.** | 본론(corpus) 곧 '답변'(Respondeo)을 가리킴. |
| **Can.** | 카논(Canon: 공의회의 장엄 결정문). |
| **Cf.** | 참조(conferire). |
| **d.** | 구분(divisio). 특히 『명제집』과 『명제집 주해』에서 기본 틀로 제시될 때, '제1구분', '제2구분'으로 표기. 예) 『명제집 주해』 제1권 제2구분 제1문 제3절. (많이들 'divisio'와 혼용하고 있는 'distinctio'는 '구별'.) |
| **DH** | 『덴칭거-휘너만』 혹은 『규정-선언 편람』(Denzinger-Hunermann이 1991년부터 편찬). |
| **DS** | 『덴칭거-쉰메쳐』 혹은 『규정-선언 편람』(Denzinger-Schoenmetzer가 1963년부터 편찬). |
| **Ibid.** | 같은 작품 또는 같은 곳(Ibidem). |
| **ID.** | 같은 저자(Idem). |
| **lect.** | 강(lectio). 예) '제1강', '제2강' 등(단, 서술문에서 지칭 시에는 '강독'.) |
| **lib.** | 권(liber). 예) '제1권', '제2권' 등. |
| **ll.** | 행(行, lineae). |
| **loc. cit.** | 인용된 곳(loco citato). |
| **n.** | 번(numerum) 또는 그대로 'n'. 예) '2번' 또는 'n.2'. |
| **obj.** | 반론(objectio). 예) '반론1', '반론2' 등. |

| | |
|---|---|
| **op. cit.** | 이미 인용된 작품(opere citato). |
| **parall.** | 병행 문헌(paralleli). |
| **PG** | 미뉴, 『그리스 교부 전집』(*Migne, Patrologia Graeca*). |
| **PL** | 미뉴, 『라틴 교부 전집』(*Migne, Patrologia Latina*). |
| **Proem.** | 머리말(Proemium). |
| **Prol.** | 머리글(Prologus). |
| **q.** | 문(quaestio). 예) '제1문', '제89문' 등(단, 간혹 서술 문장 중 특정 '문'을 가리킬 때에는 '문제'라고 지칭할 수도 있다.) 예문) "창조에 관해 논하는 이 '문제'는…." |
| **qc.** | 소문제(quaestiuncula) (주로 『명제집 주해』에 나타남.) |
| **qq.** | 여러 문들(quaestiones) 예) qq.57-59는 '제57문에서 제59문까지'를 가리킴. |
| **Resp.** | 답변(Respondeo)[=본론]. |
| **s.c./sc** | 재반론(Sed contra) 또는 '그러나 반대로'. (보통은 재반론이 하나이지만, 드물게 번호와 함께 두세 개가 제시되기도 한다. 이때에는 '재반론1', '재반론3' 등으로 표기한다.) |
| **sol.** | 해답(solutio)(단, 기본 틀 가운데에서 반론1에 대한 해답[ad1], 반론2에 대한 해답[ad2] 등은 '제1답', '제2답' 등이라고 지칭.) |
| **tract.** | 논고(tractatus: 여러 문들이 함께 모여 이루는 논의 주제). |

# 성 토마스 작품 약어표

| | |
|---|---|
| *In Sent.*, I, d.3, q.1, a.3, qc.1, ad1 | 『명제집 주해』 제1권 제3구분 제1문 제3절 제1소문제 제1답 |
| *ScG*, I, II | 『대이교도대전』 제1권, 제2권 |
| *ST*(* 생략) | 『신학대전』 |
|   I, q.1, a.1, ad2 | 『신학대전』 제1부 제1문 제1절 제2답 |
|   I-II | 『신학대전』 제2부 제1편 |
|   II-II | 『신학대전』 제2부 제2편 |
|   III | 『신학대전』 제3부 |
|   Sup. | 『신학대전』 보충부 |
| *Catena Aurea* | 『황금 사슬』 또는 『4복음서 연속주석』 |
| *Compendium Theol.* | 『신학 요강』 |
| *Contra doct. retrah.* | 『소년의 수도회 입회를 비난하는 전염병과도 같은 가르침 논박』 |
| *Contra err. Graec.* | 『그리스인들의 오류 논박』 |
| *Contra impugn.* | 『전례와 수도회를 거스르는 자들 논박』 |
| *De aetern. mundi* | 『세상 영원성』 |
| *De anima* | 『영혼에 관한 토론문제』 또는 『영혼론』 |
| *De articulis fidei* | 『신앙 요목』 |
| *De beatitudine* | 『참행복』 또는 『진복』 |
| *De caritate* | 『참사랑』 또는 『참사랑에 관한 토론문제』 |
| *De correct. Frat.* | 『형제적 교정』 또는 『형제적 교정에 관한 토론문제』 |
| *De demonstratione* | 『증명론』 |
| *De diff. verbi Domini* | 『하느님의 말씀과 인간의 말의 차이』 |
| *De dilex. Dei et prox.* | 『하느님 사랑과 이웃 사랑』 |

| | |
|---|---|
| *De dimens. indeterm.* | 『무한의 크기』 |
| *De divinis moribus* | 『하느님의 습성』 |
| *De duo. praecep. char.* | 『참사랑의 두 계명 강해설교』 |
| *De empt. et vend.* | 『신용거래』 또는 『매매론』 |
| *De ente et ess.* | 『존재자와 본질』 또는 『유(有)와 본질(本質)에 대하여』 |
| *De eruditione principis* | 『군주 교육』 |
| *De expos. missae* | 『미사 해설』 |
| *De fallaciis* | 『오류론』 |
| *De fato* | 『운명론』 |
| *De forma absol.* | 『사죄경 형식』 |
| *De humanitate Christi* | 『그리스도의 인성』 |
| *De instantibus* | 『순간론』 |
| *De intellectu et intell.* | 『지성과 가지상』 |
| *De inventione medii* | 『수단의 발명』 |
| *De iudiciis astr.* | 『점술가의 판단』 |
| *De magistro* | 『교사론』 또는 『교사에 관한 토론문제』 |
| *De malo* | 『악론』 또는 『악에 관한 토론문제』 |
| *De mixtione element.* | 『요소들의 혼합』 |
| *De motu cordis* | 『심장 운동』 |
| *De natura accidentis* | 『우유의 본성』 |
| *De natura generis* | 『유(類)의 본성』 |
| *De natura loci* | 『장소의 본성』 |
| *De natura luminis* | 『빛의 본성』 |
| *De natura materiae* | 『질료의 본성』 |
| *De natura syllog.* | 『삼단논법의 본성』 |
| *De natura verbi intell.* | 『지성의 말의 본성』 |
| *De occult. oper. naturae* | 『자연의 신비로운 작용』 |
| *De officio sacerdotis* | 『사제의 직무』 |

| | |
|---|---|
| *De perf. vitae spir.* | 『영성생활의 완성』 |
| *De potentia* | 『권능론』 또는 『권능에 관한 토론문제』 |
| *De potentiis animae* | 『영혼의 능력들』 |
| *De principiis naturae* | 『자연의 원리들』 |
| *De principio individ.* | 『개체화의 원리』 |
| *De propos. mod.* | 『양태명제론』 |
| *De purit. consc. et modo conf.* | 『양심의 순수함과 고백 양식』 |
| *De quat. oppositis* | 『네 대당(對當)』 |
| *De quo est et quod est* | 『'그것에 의해 있는 것(존재)'과 '있는 것(본질)'』 |
| *De rationibus fidei* | 『신앙의 근거들』 |
| *De regimine Iudae.* | 『유다인 통치』 |
| *De regimine princ.* | 『군주통치론』 |
| *De secreto* | 『비밀』 |
| *De sensu resp. singul. et intellectu resp. univ.* | 『감각과 개체, 지성과 보편자』 |
| *De sensu respectu singul.* | 『개별자 감각』 |
| *De sortibus* | 『제비뽑기』 |
| *De spe* | 『희망론』 또는 『희망에 관한 토론문제』 |
| *De spir. creat.* | 『영적 피조물』 또는 『영적 피조물에 관한 토론문제』 |
| *De sub. sep.* | 『분리된 실체』 |
| *De tempore* | 『시간론』 |
| *De unione Verbi Incarn.* | 『육화하신 말씀의 결합』 또는 『육화하신 말씀의 결합에 관한 토론문제』 |
| *De unit. vel plurit. formarum* | 『형상의 단일성 여부』 |
| *De unitate Intell.* | 『지성단일성』 |
| *De usuris in communi* | 『고리대금』 |
| *De veritate* | 『진리론』 또는 『진리에 관한 토론문제』 |
| *De virt. card.* | 『사추덕』 또는 『사추덕에 관한 토론문제』 |
| *De virtutibus* | 『덕론』 또는 『덕에 관한 토론문제』 |
| *Ep. ad comitissam* | 『플랑드르 백작부인 회신』 |

| | |
|---|---|
| *Ep. ad duciss. Brabant.* | 『브라방의 백작부인 서신』 |
| *Ep. exhort. de modo stud.* | 『학업 방식에 관한 권고 서한』 |
| *Hymn.: Adoro Te* | 『찬미가: 엎드려 흠숭하나이다』 |
| *In Anal. post.*, I, II | 『분석론 후서 주해』 제1권, 제2권 |
| *In Cant. Canticor.* | 『아가 강해』 |
| *In De anima*, I, II | 『영혼론 주해』 제1권, 제2권 |
| *In De cael.*, I, II | 『천지론 주해』 제1권, 제2권 |
| *In De causis* | 『원인론 주해』 |
| *In De div. nom.* | 『신명론 주해』 |
| *In De gen. et corrupt.* | 『생성소멸론 주해』 |
| *In De hebd.* | 『주간론 주해』 |
| *In De mem. et remin.* | 『기억과 회상 주해』 |
| *In De meteora* | 『기상학 주해』 |
| *In De sensu et sensato* | 『감각과 감각대상 주해』 |
| *In De Trin.* | 『삼위일체론 주해』 |
| *In decem praecept.* | 『십계명 강해설교』 |
| *In Decretal.* | 『교령 해설』 |
| *In Ep. ad Col.* | 『콜로새서 강해』 |
| *In Ep. ad Ephes.* | 『에페소서 강해』 |
| *In Ep. ad Hebr.* | 『히브리서 강해』 |
| *In Ep. ad Philem.* | 『필레몬서 강해』 |
| *In Ep. ad Philipp.* | 『필리피서 강해』 |
| *In Ep. ad Rom.* | 『로마서 강해』 |
| *In Ep. I ad Cor.* | 『코린토 1서 강해』 |
| *In Ep. II ad Cor.* | 『코린토 2서 강해』 |
| *In Ep. I ad Thess.* | 『테살로니카 1서 강해』 |
| *In Ep. Pauli* | 『바오로 서간 강해』 |
| *In Ethic.*, I, II | 『니코마코스 윤리학 주해』 제1권, 제2권 |
| *In Hieremiam* | 『예레미야서 강해』 |

| | |
|---|---|
| *In Ioan.* | 『요한복음서 강해』 |
| *In Iob* | 『욥기 주해』 |
| *In Isaiam* | 『이사야서 강해』 |
| *In Matth.* | 『마태오복음서 강해』 |
| *In Metaph.*, I, II | 『형이상학 주해』 제1권, 제2권 |
| *In orat. Dominicam* | 『주님의 기도 강해설교』 |
| *In Periherm.*, I, II | 『명제론 주해』 제1권, 제2권 |
| *In Phys.*, I, II | 『자연학 주해』 제1권, 제2권 |
| *In Pol.*, I, II | 『정치학 주해』 제1권, 제2권 |
| *In Psalm.* | 『시편 주해』 |
| *In salut. angelicam* | 『성모송 강해설교』 |
| *In Symbolorum* | 『사도신경 강해설교』 |
| *In Threnos* | 『애가 주해』 |
| *Officium de fest. Corp. Dom.* | 『성체축일 성무일도』 |
| *Orationes* | 『기도문』 |
| *Primus tract. de univers.* | 『보편자 제1론』 |
| *Principium* | 『취임 강연』 |
| *Quaestiones Disp.* | 『토론문제집』 |
| *Quodlibet.*, I, II | 『자유토론문제집』 제1 자유토론, 제2 자유토론 |
| *Resp. ad 108* | 『108문항 회신』 |
| *Resp. ad 30* | 『30문항 회신』 |
| *Resp. ad 36* | 『36문항 회신』 |
| *Resp. ad 42(43)* | 『42(43)문항 회신』 |
| *Resp. ad 6* | 『6문항 회신』 |
| *Resp. ad Abba. Cassin.* | 『몬테카시노 아빠스 회신』 |
| *Secundus tract. de univers.* | 『보편자 제2론』 |
| *Sermones* | 『설교집』 |
| *Summa totius logicae* | 『총논리학 대전』 |
| *Tabula Ethicorum* | 『윤리학 도표』 |

# '활동과 관상' 입문

『신학대전』 제2부 제2편의 앞부분에서는 모든 사람에게 해당되는 덕과 악습을 설명하고(qq.1-170), 그다음에는 특수하게 어떤 사람들에게 속하는 것들을 고찰한다. 그중에서도 먼저 은사에 따라 일부 사람들에게 해당되는 것들(qq.171-178)을 다루고, 이어서 활동에 따라(qq.179-182) 일부 사람들에게 해당되는 것들을 다룬다. 여기에 해당되는 네 문제는 각각 활동 생활과 관상 생활의 구분에 대하여(q.179), 관상 생활에 대하여(q.180), 활동 생활에 대하여(q.181), 그리고 두 생활의 비교에 대하여(q.182) 다룬다.

## 1. 활동 생활과 관상 생활(q.179)

생활을 활동 생활과 관상 생활로 구분하는 것은 적절한가?(a.1) 이에 대하여 제기되는 반론들에 답하기 위하여 염두에 두어야 할 것은, 이 구분이 모든 생명체가 아니라 인간의 삶(생명, 생활)에 관련된다는 점이다. 모든 생명체 가운데 인간을 특징짓는 것은 지성이고, 그래서 활동과 관상, 사변과 실천이 모두 지성과 관계되는 것이라 하더라도 이 구분은 인간의 생활을 구분하기에 합당하다. 또한 관상에 외적인 움직임이 없다 하더라도, 관상 자체가 지성의 움직임이기에 그것은 생명의 특성과 충돌하지 않는다. 활동 생활과 관상 생활이 일부 사람들에게 해당되는 것이라 할 때 "어떤 이들은 특히 진리의 관상을 지향하고 다른 이들은 주로 외적 행위들을 지향하므로, 인간의 생활은 활동 생활과 관상 생활로 적절하게 구분된다."

인간의 생활을 구분하는 데 있어 활동 생활과 관상 생활로 충분한가?(a.2) 토마스는 이에 관하여, 아리스토텔레스가 언급하는 쾌락을 추구하는 생활은 인간의 고유한 특징에 해당하지 않으므로 고려할 필요가 없고, 아우구스티누스가 언급하는 "혼합된 생활"에서는 둘 중 한 가지가 우세할 것이므로 이 둘로 충분하다고 본다.

## 2. 관상 생활(q.180)

제180문에서는 관상 생활과 관련된 여러 측면을 다룬다. 관상 생활은 본질적으로 지성에 속한다. 그러나 지성을 움직이게 하는 것은 의지이고, 하느님에 대한 사랑이 관상 생활을 하게 하는 것이므로 관상 생활은 욕구 능력과 무관하다고 할 수 없다(a.1). 또한 관상에서 얻게 되는 유쾌한 감정이 더욱 사랑을 타오르게 한다.

윤리덕들과 관상 생활의 관계를 본다면(a.2), 윤리덕들은 본질적으로는 활동에 관련된 것이어서 관상 생활에 속한다고 할 수 없으나, 그 덕들이 격렬한 정념을 가라앉히고 외적인 소란함을 피하여 마음을 평화롭고 깨끗하게 해준다는 점에서는 관상 생활을 준비하도록 하는 것이라고 말할 수 있다.

진리를 직관하는 관상 생활에 다양한 행위들이 포함되는 것은(a.3), 천사가 단순한 파악으로 진리를 직관할 수 있는 것과 달리 인간은 진리를 인식하기 위하여 감각적 지각과 상상 등을 사용하고 이성적 추리를 사용하기도 하며, 다른 사람이나 하느님으로부터 진리의 인식을 얻기도 하기 때문이다. 그래서 리카르두스가 말하는 "관상, 묵상, 인식", 또는 "기도, 독서, 묵상, 들음" 등 여러 행위가 관상 생활에 포함된다. 그리고 직접 신적 진리를 관상하는 것만이 아니라(a.4) 여기에 이르기 위하여 하느님의 업적들을 바라보는 것도 관상 생활에 포함된다.

실상 현세의 삶 안에서 인간은 하느님의 본질을 직접 볼 수 없다(a.5). 그래서 관상 생활은 현세에서 시작되지만 그 완성은 현세에서 이루어지지 않는다. 육신을 온전히 벗어나게 될 때, 또는 황홀의 경우와 같이 육신의 감각을 벗어나게 될 때 하느님의 본질을 보게 된다.

디오니시우스는 인간의 관상에서 원형, 직선형, 나선형의 움직임이 있다고 말하는데(a.6), 이는 지성의 작용을 공간적인 이동에 비유하여 설명하는 것이다. 인간의 지성적 능력은 천사의 능력보다 훨씬 약하여 관상에서도 천사의 경우와 다른 움직임들이 있게 되는데, 원형의 움직임으로 묘사되는 것은 다양한 외적 사물과 이성의 추론을 벗어나 능력들이 하나로 모아지고 오직 하느님만을 관상하게 되는 것을 나타내고, 직선형의 움직임은 외부의 감각적 대상들로부터 가지적 인식으로 나아가는 것을 나타내며, 나선형의 움직임은 앞의 두 가지가 결합된 것으로서 추론에 있어 신적 조명을 함께 사용하는 것을 나타낸다.

관상 생활이 인간에게 유쾌함을 주는 것은(a.7), 진리의 관상이 이성적 동물인 인간의 본성에 부합하고 또한 관상의 대상인 하느님과 그 하느님을 관상하게 하는 사랑이 인간을 즐겁게 하기 때문이다. 이러한 관상의 쾌락은 인간적인 모든 쾌락을 능가한다. 관상은 그레고리우스가 말하듯이 이 세상에서 시작되고 천상 본향에서 완성되는 것으로서, 현세의 삶이 끝난 다음에도 지속된다(a.8).

### 3. 활동 생활(q.181)

윤리덕의 행위들은 활동 생활에 속한다(a.1). 이들은 인간이 실천해야 할 것을 추구하며, 다른 이들에 대한 관계를 질서 짓는 것은 활동 생활에서 중요한 부분을 차지하기 때문이다. 관상 생활을 준비하기 위하여 윤리덕을 추구한다면 그것은 관상 생활에 포함될 수 있지만, 윤리덕을 그 자체로 선한 것으로서 지향할 경우 이것은 활동 생활에 속한다. 현명은(a.2) 행해야 할 것에 관련된 올바른 이성이기에 직접적으로 활동 생활에 속한다.

가르치는 일의 경우(a.3) 지혜나 지식과 연관되므로 관상 생활에 속한다는 반론이 있으나, 진리를 내적으로 생각하고 즐기는 데에 머물지 않고 이를 말로 표현하여 다른 사람이 진리를 깨닫도록 이끄는 외적 활동은 활동 생활에 속한다.

복된 이들이 누릴 내세에서는 외적 행위는 끝날 것이고(a.4), 어떤 외적 행위가 있다면 그것은 관상을 위한 일일 것이다.

### 4. 활동 생활과 관상 생활의 비교(q.182)

"마리아는 좋은 몫을 선택하였다."(루카 10,42)라는 말씀은 관상 생활에 적용되는 것으로 이해된다(a.1). 아리스토텔레스는 여러 근거로 관상 생활이 활동 생활보다 우위에 있음을 주장하는데, 첫째는 관상 생활이 인간에게서 가장 뛰어난 부분인 지성에 상응한다는 점이다. 그 밖에 관상 생활은 활동 생활에 비하여 더 오래 지속되고, 더 유쾌하며, 더 자족적이고, 그 자체로 더 사랑스럽고, 쉼과 휴식으로 이루어지며,

신적인 것들에 관련된다. 그래서 단적으로는 관상 생활이 활동 생활보다 우위에 있지만, 경우에 따라 현세 생활의 필요 때문에 활동 생활을 택해야 할 때도 있다.

공로라는 측면에서(a.2), 상급은 수고에 따르는 것이고 활동 생활에 많은 수고가 따른다 하더라도 본질적으로 공로의 근거는 사랑에 있어서, 하느님을 그 자체로 사랑하는 것이 하느님 때문에 이웃을 사랑하는 것보다 더 공로가 크다. 하느님을 위하여 수고를 견디는 것은 분명한 사랑의 표지이지만, 하느님을 관상하기 위하여 다른 모든 것을 멈추는 것은 더 분명한 참사랑의 표지이다.

활동 생활은 외적인 일들에 종사한다는 점에서 관상 생활을 방해하는 요소가 될 수 있으나(a.3), 다른 한편으로는 관상을 가로막는 정념들을 가라앉힌다는 점에서 관상을 준비하고 관상에 도움을 줄 수 있다. 시간적인 순서를 생각할 때도 이 점을 고려해야 한다. 본성에 따라서 본다면 관상 생활이 활동 생활에 선행한다(a.4). 관상 생활은 직접적으로 하느님 사랑에 속하고, 활동 생활은 하느님 때문에 이웃을 사랑하는 것에 연관되기 때문이다. 그러나 우리 자신과 관련해서 볼 때는 활동 생활이 관상 생활을 준비시키는 것으로서 관상 생활에 선행한다.

## 5. 끝맺음

관상 생활과 활동 생활에 대한 토마스 아퀴나스의 고찰에서는, 짐승들과 달리 지성을 지니고 있고 천사들과 달리 육신을 지니고 현세의 삶을 살아가는 인간의 모습이 드러난다. 감각의 쾌락만을 추구하며 사는 것은 인간다운 삶이라 할 수 없고, 하느님의 본질을 직접 직관하려

고만 하는 것도 자신이 인간임을 잊은 행동일 것이다. 제182문의 마지막 부분에서, 관상 생활이 단적으로 활동 생활보다 우위에 있음을 분명히 하면서도 정념에 쉽게 영향을 받는 인간이 관상에 필요한 마음의 깨끗함을 얻기 위해서는 "발생의 순서에 따라" 활동 생활이 선행되어야 함을 말할 때, 토마스의 한결같은 현실 감각이 빛난다. 사실 이것은 바오로 사도가 이미 말했던 것이기도 하다. "우리가 지금은 거울에 비친 모습처럼 어렴풋이 보지만 그때에는 얼굴과 얼굴을 마주 볼 것입니다. 내가 지금은 부분적으로 알지만 그때에는 하느님께서 나를 온전히 아시듯 나도 온전히 알게 될 것입니다."(1코린 13,12) 현재의 불완전함에 대한 인식은 언젠가 이루어질 완전을 그리워하게 한다.

## 참고문헌

Aumann, J., "Contemplation", in *New Catholic Encyclopedia*, Washington: The Catholic University of America, 2nd ed., 2003, pp.203-209.

Bauerschmidt, F. C., "'That the Faithful Become the Temple of God': The Church Militant in Aquinas's Commentary on John", in *Reading John with St. Thomas Aquinas*, ed. M. Dauphinais and M. Levering, Washington: CUA Press, 2005, pp.293-317.

Cessario, Romanus, OP, *Christian Faith and the Theological Life*, Washington: The Catholic University of America Press, 1996.

Garrigou-Lagrange, Reginald, OP, *Christian Perfection and Contemplation according to St. Thomas Aquinas and St. John of the Cross*, Rockford(IL): TAN Books, 2010.

Imai, Edyta, *Thomas Aquinas on Contemplation and the Human Animal*, Saarbruechen,

Scholars' Press, 2013.

Joret, F. D., *La contemplation mystique d'après st Thomas d'Aquin*, Lille-Bruxelles, 1923.

Leclerc, Jean, OSB, "La vie contemplative dan s. Thomas et dans la tradition", *Recherches de theologie ancienne et medievale* 28(1961).

Leget, Carlo, *Living with God: Thomas Aquinas on the Relation between Life on Earth and Life after Death*, Leuven: Peeters, 1997.

Maritain, Jacques, "Action et contemplation", *Revue Thomiste*, 1937, 18-50.

McGinn, Bernard, "Contemplatio Sapientialis: Thomas Aquinas's Contribution to Mystical Theology", *Ephemerides Theologicae Lovaniensis* 95(2019), 317-334.

Pieper, Josef, *Happiness and Contemplation*, South Bend(IN): St. Augustine Press, 1996.

Royo, A., *The Theology of Christian Perfection*, tr. J. Aumann, Dubuque, 1962.

Sommers, Mary Catherine, "Contemplation and Action in Aristotle and Aquinas", in Gilles Emery and Matthew Levering(eds.), *Aristotle in Aquinas's Theology*, Oxford: Oxford Univ. Press, 2015, pp.167-186.

Spezzano, Daria, "Leaning on the Breast of the Word: Aquinas on St. John as the Model of Theologians", in M. Dauphinais et als(eds.), *Thomas Aquinas as Spiritual Teacher*, Sapientia Press of Ave Maria University, 2023, pp.45-60.

Van Nieuwenhove, Rik, *Thomas Aquinas & Contemplation*, Oxford: Oxford Univ. Press, 2021.

Van Nieuwenhove, Rik, "Recipientes per contemplationem, tradentes per actionem. The Relation Between the Active and Contemplative Lives According to Thomas Aquinas", *The Thomist* 81(2017), 1-30.

Van Nieuwenhove, Rik, "Contemplation, *Intellectus*, and *Simplex Intuitus* in Aquinas: Recovering a Neoplatonic Theme", *American Catholic Philosophical Quarterly* 91(2017), 199-225.

Van Nieuwenhove, Rik, "Searching for a Connection: Prayer and Contemplation

'Broadly Conceived' in Thomas Aquinas", *Ephemerides Theologicae Lovaniensis* 95(2019), 283-298.

김광서, OCD, 『십자가의 성 요한의 하느님과의 합일론』, 가르멜영성연구소, 2024.

땅끄레, 아돌프, 『수덕신비신학 5: 일치의 길』, 정대식 옮김, 가톨릭 크리스챤, 4쇄, 2008.

머튼, 토마스, OC, 『명상이란 무엇인가』, 오무수 옮김, 가톨릭출판사, 1989.

몬딘, 바티스타, CMX, 「관상」, 『성 토마스 개념사전』, 이재룡·안소근·윤주현 옮김, 한국성토마스연구소, 2021.

배런, 로버트, OP, 『토마스 아퀴나스가 가르치는 세계관과 영성』, 안소근 옮김, 누멘, 2011.

베르나르, 샤를 A., SJ, 『영성신학』, 정제천·박일 옮김, 가톨릭출판사, 2007, 562-566쪽; 623-664쪽.

보니노, S.-Th., OP, 「은사, 삶의 형태와 지위들(II-II, qq.171-189)」, 스테픈 포프, 『아퀴나스의 윤리학』, 한국성토마스연구소, 2021, 460-476쪽.

슈뉘, 마리 도미니크, OP, 『성 토마스와 신학』, 이재룡·권영파 옮김, 한국성토마스연구소, 2024, 55-88쪽(「제3장 관상가」).

심종혁, 「관상」, 『한국가톨릭대사전 1』, 한국교회사연구소, 1995, 533-535쪽.

윤주현, 『영성, 하느님을 바라보다』, 가톨릭출판사, 2020, 189-211쪽.

패렐, 월터, OP, 『성 토마스 아퀴나스의 신학대전 해설서 III』, 윤주현·조규홍 옮김, 수원가톨릭대학교출판부, 2021.

피퍼, 요셉, 『여가와 경신』, 김진태 옮김, 가톨릭대학교출판부, 2007.

토마스 아퀴나스 신학대전 46

# 활동과 관상

제2부 제2편
제179문 - 제182문

## QUAESTIO CLXXIX
# DE DIVISIONE VITAE PER ACTIVAM ET CONTEMPLATIVAM

*in duos articulos divisa*

Consequenter considerandum est de vita activa et contemplativa.[1] Ubi quadruplex consideratio occurrit: quarum prima est de divisione vitae per activam et contemplativam; secunda, de vita contemplativa[2]; tertia, de vita activa[3]; quarta, de comparatione vitae activae ad contemplativam.[4]

Circa primum quaeruntur duo.

*Primo:* utrum vita convenienter dividatur per activam et contemplativam.

*Secundo:* utrum divisio sit sufficiens.

## Articulus 1
### Utrum vita convenienter dividatur per activam et contemplativam

Ad primum sic proceditur. Videtur quod vita non convenienter dividatur per activam et contemplativam.

---

1. Cf. q.171, Introd.

# 제179문
# 활동 생활과 관상 생활에 대하여
(전2절)

다음으로는 활동 생활과 관상 생활에 대해 다뤄야 한다. 이에 대해서는 네 가지 고찰이 필요하다. 첫째는 생활을 활동과 관상으로 구분하는 것이고,[1] 둘째는 관상 생활에 대해,[2] 그리고 셋째는 활동 생활에 대해,[3] 넷째는 활동 생활과 관상 생활의 비교이다.[4]

첫째에 대해서는 두 가지 문제가 제기된다.

1. 생활은 활동 생활과 관상 생활로 적절하게 구분되는가?
2. 활동 생활과 관상 생활로 구분하는 것으로 충분한가?

## 제1절 생활을 활동 생활과 관상 생활로 구분하는 것은 적절한가

**Parall.**: *In Sent.*, III, d.35, q.1, a.1; *In Ethic.*, I, lect.5.

**[반론]** 첫째에 대해서는 다음과 같이 진행된다. 생활을 활동 생활과 관상 생활로 구분하는 것은 적절하지 않은 것으로 생각된다.

---

2. Q.180.
3. Q.181.
4. Q.182.

1. Anima enim est principium vitae per suam essentiam: dicit enim Philosophus, in II *de Anima*,¹ quod *vivere viventibus est esse*. Actionis autem et contemplationis principium est anima per suas potentias. Ergo videtur quod vita non convenienter dividatur per activam et contemplativam.

2. Praeterea, inconvenienter dividitur prius per differentias posterioris. Activum autem et contemplativum, sive *speculativum* et *practicum,* sunt differentiae intellectus: ut patet in III *de Anima*.² Vivere autem est prius quam intelligere: nam vivere inest viventibus primo secundum animam vegetabilem, ut patet per Philosophum, in II *de Anima*.³ Ergo inconvenienter dividitur vita per activam et contemplativam.

3. Praeterea, nomen vitae importat motum: ut patet per Dionysium, 6 cap. *de Div. Nom.*.⁴ Sed contemplatio consistit magis in quiete: secundum illud *Sap.* 8, [16]: *Intrans in domum meam, conquiescam cum illa*. Ergo videtur quod vita non convenienter dividatur per activam et contemplativam.

SED CONTRA est quod Gregorius, *super Ezech.*,⁵ dicit: *Duae sunt vitae in quibus nos omnipotens Deus per sacrum eloquium erudit: activa videlicet et contemplativa.*

---

1. C.4: 415b13-14; S. Th. lect.7, n.319. Cf. I, q.18, a.2, sc.

1. 영혼은 생명의 본질적인 원리다. 철학자는 『영혼론』 제2권[1]에서 "생명체들에게는 살아있는 것이 존재하는 것이다."라고 말한다. 그런데 영혼은 그 능력들에 있어 활동과 관상의 원리다. 그러므로 생활을 활동 생활과 관상 생활로 구분하는 것은 적절하지 않다.

2. 뒤따라오는 것에 대한 구분은 앞선 것의 구분에 적절하게 적용되지 않는다. 그런데 『영혼론』 제3권[2]에서 말하듯이 활동적인 것과 관상적인 것, 또는 사변적인 것과 실천적인 것은 지성 안에서 나타나는 차이들이다. 그러나 살아있는 것은 이해하는 것보다 앞선다. 철학자가 『영혼론』 제2권[3]에서 말하듯이 생명체에게 생명은 식물혼에 따라 먼저 주어지기 때문이다. 그러므로 생활을 활동 생활과 관상 생활로 구분하는 것은 적절하지 않다.

3. 디오니시우스가 『신명론』 제6장[4]에서 말하듯이, 생명이라는 말은 움직임을 내포한다. 반면 관상은 오히려 안식에 있다. 지혜서 8장 [16절]에서는 "나는 내 집에 들어가 지혜와 함께 쉬리라."라고 말한다. 그러므로 생활을 활동 생활과 관상 생활로 구분하는 것은 적절하지 않다.

[재반론] 그레고리우스는 『에제키엘서 강해』[5]에서 "하느님께서 당신의 거룩한 말씀을 통해 우리에게 가르치시는 생활은 두 가지, 곧 활동 생활과 관상 생활이다."라고 말한다.

---

2. C.10: 433a14-17; S. Th. lect.15, n.820. Cf. I, q.79, a.11.
3. C.4: 415a24-26; S. Th. lect.7, n.310.
4. PG 3, 856B; S. Th. lect.1, n.680. Cf. c.4: PG 3, 705BC; S. Th. lect.8, nn.381-384.
5. Hom.14; al. 1.II, hom.2, n.7; PL 76, 952D.

RESPONDEO dicendum quod illa proprie dicuntur viventia quae ex seipsis moventur seu operantur.[6] Illud autem maxime convenit alicui secundum seipsum, quod est proprium ei, et ad quod maxime inclinatur. Et ideo unumquodque vivens ostenditur vivere ex operatione sibi maxime propria, ad quam maxime inclinatur: sicut plantarum vita dicitur in hoc consistere quod nutriuntur et generant; animalium vero in hoc quod sentiunt et moventur; hominum vero in hoc quod intelligunt et secundum rationem agunt. Unde etiam et in hominibus vita uniuscuiusque hominis videtur esse id in quo maxime delectatur, et cui maxime intendit: et in hoc praecipue vult quilibet *convivere amico,* ut dicitur in IX *Ethic.*.[7] Quia ergo quidam homines praecipue intendunt contemplationi veritatis, quidam principaliter intendunt exterioribus actionibus, inde est quod vita hominis convenienter dividitur per activam et contemplativam.

AD PRIMUM ergo dicendum quod propria forma uniuscuiusque faciens ipsum esse in actu, est principium propriae operationis ipsius.[8] Et ideo vivere dicitur esse viventium ex eo quod viventia per hoc quod habent esse per suam formam, tali modo operantur.

AD SECUNDUM dicendum quod vita universaliter sumpta non dividitur per activam et contemplativam: sed vita hominis, qui speciem sortitur ex hoc quod habet intellectum. Et ideo eadem est divi-

---

6. Cf. I, q.18, a.1.

[답변] 고유한 의미에서 생명체라고 일컬어지는 것은 스스로 움직이거나 작용하는 것들이다.[6] 그런데 어떤 것에게 그 자체로서 가장 적합한 것은, 자신에게 고유하고 그것에 대해 가장 강한 성향을 갖는 것이다. 그래서 모든 생명체는 자신에게 가장 고유하고 자신이 가장 강한 성향을 갖는 작용을 통하여 살아있음을 드러낸다. 이에 따라 식물의 생명은 영양과 생식에 있고, 동물의 생명은 감각과 운동에 있으며, 인간의 생명은 이해하고 이성에 따라 행위하는 데에 있다. 그래서 인간들 사이에서도 각자의 생명은 그가 가장 좋아하고 지향하는 것, 『니코마코스 윤리학』 제9권[7]에서 말하듯이 친구와 함께 즐기려고 하는 것에 있다. 그런데 어떤 이들은 특히 진리의 관상을 지향하고 다른 이들은 주로 외적 행위들을 지향하므로, 인간의 생활은 활동 생활과 관상 생활로 적절하게 구분된다.

[해답] 1. 각자를 현실태로 존재하도록 만드는 고유한 형상은 그 각각의 작용의 원리가 된다.[8] 생명체에게 생명이 곧 존재라고 일컬어지는 것은, 그것이 존재하게 하는 형상이 또한 그것에 작용 방식을 부여하기 때문이다.

2. 일반적인 의미에서 생명이 활동 생활과 관상 생활로 구분되는 것이 아니라 인간의 생명이 그러하다. 인간은 그 종이 생겨나게 하는 특성이 지성에 있고, 따라서 지성에 대한 구분과 인간 생활에 대한 구분

---

7. C.12: 1172a5-8; S. Th. lect.14, nn.1948-1949. Cf. q.25, a.7.
8. Cf. I, q.42, a.1, ad1; I-II, q.111, a.2.

sio intellectus et vitae humanae.

AD TERTIUM dicendum quod contemplatio habet quidem quietem ab exterioribus motibus: nihilominus tamen ipsum contemplari est quidam motus intellectus, prout quaelibet operatio dicitur motus; secundum quod Philosophus dicit, in III *de Anima*,[9] quod sentire et intelligere sunt motus quidam, prout motus dicitur *actus perfecti*. Et hoc modo Dionysius, 4 cap. *de Div. Nom.*,[10] ponit tres motus animae contemplantis: scilicet *rectum, circularem* et *obliquum*.

## Articulus 2
### Utrum vita sufficienter dividatur per activam et contemplativam

Ad secundum sic proceditur. Videtur quod vita non sufficienter dividatur per activam et contemplativam.

1. Philosophus enim, in I *Ethic.*,[1] dicit quod tres sunt vitae maxime excellentes, scilicet *voluptuosa, civilis,* quae videtur esse eadem activae, et *contemplativa*. Insufficienter ergo dividitur vita per activam et contemplativam.

2. Praeterea, Augustinus, XIX *de Civ. Dei*,[2] ponit tria vitae genera: scilicet *otiosum,* quod pertinet ad contemplationem; *actuosum,* quod pertinet ad vitam activam; et addit tertium *ex utroque compositum*.

---

9. C.7: 431a4; S. Th. lect.12, n.766. Cf. I, q.14, a.2, ad2; q.18, a.3, ad1; q.58, a.1, ad1.

이 동일한 것이다.

   3. 관상에서는 외적 움직임이 멈추지만, 관상하는 것 자체가 지성의 움직임이다. 모든 작용은 움직임이라고 일컬어지기 때문이다. 이러한 의미에서 철학자는 『영혼론』 제3권[9]에서, 감각과 이해가 "완전한 존재의 행위"라고 말한다. 또한 디오니시우스는 『신명론』 제4장[10]에서 관상하는 영혼에게서 직선형, 원형, 나선형의 세 가지 움직임을 지적했다.


## 제2절 생활을 활동 생활과 관상 생활로 구분하는 것은 충분한가

   Parall.: *In Sent.*, III, d.35, q.1, a.1; *In Ethic.*, I, lect.5.


   [반론] 둘째에 대해서는 다음과 같이 진행된다. 생활을 활동 생활과 관상 생활로 구분하는 것은 충분하지 않은 것으로 생각된다.

   1. 철학자는 『니코마코스 윤리학』 제1권[1]에서 가장 탁월한 삶으로 세 가지, 즉 쾌락 생활, 활동 생활에 상응하는 시민적인 생활, 그리고 관상 생활을 언급한다. 그러므로 생활을 활동 생활과 관상 생활로 구분하는 것은 불충분한 것으로 보인다.

   2. 아우구스티누스는 『신국론』 제19권[2]에서 세 종류의 생활을 언급

---

10. PG 3, 704D-705B; S. Th. lect.7, nn.369-379. Cf. q.180, a.6.

1. C.3: 1095b17-19; S. Th. lect.5, nn.58-59.
2. Cc.2,3,19: PL 41, 624,627,647.

Ergo videtur quod insufficienter dividatur vita per activam et contemplativam.

3. Praeterea, vita hominis diversificatur secundum quod homines diversis actionibus student. Sed plura quam duo sunt humanarum actionum studia. Ergo videtur quod vita debeat in plura membra dividi quam in activum et contemplativum.

SED CONTRA est quod istae duae vitae significantur per duas uxores Iacob,[3] activa quidem per Liam, contemplativa vero per Rachelem; et per duas mulieres quae Dominum hospitio receperunt,[4] contemplativa quidem per Mariam, activa vero per Martham; ut Gregorius dicit, in VI *Moral.*.[5] Non autem esset haec congrua significatio si essent plures quam duae vitae. Ergo sufficienter dividitur vita per activam et contemplativam.

RESPONDEO dicendum quod, sicut dictum est,[6] divisio ista datur de vita humana, quae quidem attenditur secundum intellectum. Intellectus autem dividitur per activum et contemplativum: quia finis intellectivae cognitionis vel est ipsa cognitio veritatis, quod pertinet ad intellectum contemplativum; vel est aliqua exterior actio, quod pertinet ad intellectum practicum sive activum.[7] Et ideo vita etiam sufficienter dividitur per activam et contemplativam.

---

3. 창세 29장.
4. C.37, al.18, in vet.28, n.61: PL 75, 764B–765A.

하는데 그것은 관상에 속하는 한가한 생활, 활동 생활에 속하는 활기찬 생활, 그리고 셋째로 그 둘이 혼합된 생활이다. 그러므로 생활을 활동 생활과 관상 생활로 구분하는 것은 불충분한 것으로 보인다.

3. 인간의 생활은 그가 종사하는 서로 다른 활동들에 따라 달라진다. 그런데 사람들이 종사하는 일들은 두 가지가 넘는다. 그러므로 생활은 활동 생활과 관상 생활보다 더 많은 부분으로 구분되어야 한다.

[재반론] 이 두 가지 생활은 야곱의 두 아내로 표시된다.[3] 레아는 활동 생활을, 라헬은 관상 생활을 나타낸다. 또한 주님을 맞아들인 두 여인을 통해서도 표시된다. 그레고리우스가 『욥기의 도덕적 해설』제6권[4]에서 말하듯이 마리아는 관상 생활을, 마르타는 활동 생활을 나타내는 것이다.[5] 그런데 두 가지를 넘는 생활들이 있다면 이러한 상징은 맞지 않을 것이다. 그러므로 생활을 활동 생활과 관상 생활로 구분하는 것으로 충분하다.

[답변] 앞서 말한 바와 같이[6] 이 구분은 인간 생활에 관한 것이고, 인간 생활의 특징은 지성에 있다. 그런데 지성은 활동적 지성과 관상적 지성으로 구분된다. 지성적 인식의 목적이 관상적 지성에 속하는 진리의 인식이거나 아니면 실천적 내지 활동적 지성에 속하는 외적 활동이기 때문이다.[7] 그러므로 생활을 활동 생활과 관상 생활로 구분하는 것으로 충분하다.

---

5. 루카 10,38 이하.
6. A.1, ad2.
7. Cf. I, q.79, a.11; I-II, q.3, a.5.

AD PRIMUM ergo dicendum quod vita voluptuosa ponit finem in delectatione corporali, quae communis est nobis et brutis.[8] Unde, sicut Philosophus ibidem[9] dicit, est vita *bestialis*. Propter quod, non comprehenditur sub praesenti divisione, prout vita humana dividitur in activam et contemplativam.

AD SECUNDUM dicendum quod media conficiuntur ex extremis, et ideo virtute continentur in eis: sicut tepidum in calido et frigido, et pallidum in albo et nigro. Et similiter sub activo et contemplativo comprehenditur id quod est ex utroque compositum. Et tamen, sicut in quolibet mixto praedominatur aliquod simplicium, ita etiam in medio genere vitae superabundat quandoque quidem contemplativum, quandoque vero activum.

AD TERTIUM dicendum quod omnia studia humanarum actionum,[10] si ordinentur ad necessitatem praesentis vitae secundum rationem rectam, pertinent ad vitam activam, quae per ordinatas actiones consulit necessitati vitae praesentis. Si autem deserviant concupiscentiae cuicumque, pertinent ad vitam voluptuosam; quae non continetur sub vita activa.[11] Humana vero studia quae ordinantur ad considerationem veritatis, pertinent ad vitam contemplativam.[12]

---

8. Cf. I, q.18, a.2, ad2; I-II, q.3, a.2, ad1; q.69, a.3.
9. C.3: 1095b20; S. Th. lect.5, n.60.
10. Cf. I-II, q.1, a.7,ad2.

[해답] 1. 쾌락 생활은 육체적 쾌락을 목적으로 하는데, 이는 우리 인간과 짐승에게 공통된 것이다.[8] 그래서 철학자가 같은 곳에서 말하듯이[9] 그것은 짐승과 같은 생활이고, 인간의 생활을 활동 생활과 관상 생활로 나누는 이 구분에는 포함되지 않는다.

2. 중용(中庸)은 양극의 조합에서 나오고, 따라서 잠재적으로 양극 안에 포함되어 있다. 그러므로 미지근한 것은 뜨거운 것과 차가운 것 안에, 색이 흐린 것은 흰 것과 검은 것 안에 포함되어 있다. 이와 마찬가지로 활동적인 것과 관상적인 것은 그 둘이 혼합된 것을 포함한다. 그러나 모든 혼합물에서 어느 한 가지 단순한 것이 우세하듯이, 중간에 속하는 생활의 종류에서도 관상 생활이 우세하거나 활동 생활이 우세하게 된다.

3. 인간적 활동이 종사하는 모든 것들은,[10] 만일 그것이 올바른 이성에 따라 현세 생활에서 필요한 것을 목적으로 한다면, 질서 잡힌 활동으로써 현세 생활의 필요를 충족시키는 활동 생활에 관련된다. 그러나 만일 그것이 어떤 욕망을 채우고자 하는 것이라면 그것은 쾌락 생활에 속하며, 이것은 활동 생활의 일부가 아니다.[11] 한편 진리를 고찰하기 위한 인간의 노력은 관상 생활에 속한다.[12]

---

11. 탐욕은 인간 생활의 목적이 될 수 없다. I-II, q.2, a.6.
12. I-II, q.61, a.1(『신학대전 제23권: 덕』(이재룡 옮김), 제61문 제1절 각주 11번과 각주 15번 참조).

## QUAESTIO CLXXX
# DE VITA CONTEMPLATIVA
*in octo articulos divisa*

Deinde considerandum est de vita contemplativa.[1] Et circa hoc quaeruntur octo.

*Primo:* utrum vita contemplativa pertineat tantum ad intellectum, an consistat etiam in affectu.

*Secundo:* utrum ad vitam contemplativam pertineant virtutes morales.

*Tertio:* utrum vita contemplativa consistat solum in uno actu, aut in pluribus.

*Quarto:* utrum ad vitam contemplativam pertineat consideratio cuiuscumque veritatis.

*Quinto:* utrum vita contemplativa hominis in hoc statu possit elevari usque ad Dei visionem.

*Sexto:* de motibus contemplationis quos Dionysius assignat, quarto capitulo *de Divinis Nominibus*.

*Septimo:* de delectatione contemplationis.

*Octavo:* de duratione contemplationis.

---

1. Cf. q.179, Introd.

# 제180문
# 관상 생활에 대하여
(전8절)

다음으로는 관상 생활에 대해 고찰해야 한다.[1] 이에 대해서는 여덟 가지 문제가 제기된다.

1. 관상 생활은 지성에만 관련되는가, 아니면 감정에도 관련되는가?
2. 윤리덕들은 관상 생활에 관련되는가?
3. 관상 생활은 하나의 행위로 이루어지는가, 여러 행위로 이루어지는가?
4. 진리를 고찰하는 것은 모두 관상 생활에 속하는가?
5. 현재의 상태에서 인간의 관상 생활은 하느님을 뵙는 데까지 오를 수 있는가?
6. 디오니시우스가 설명한 관상의 움직임들에 대하여.
7. 관상의 유쾌함에 대하여.
8. 관상의 지속에 대하여.

## Articulus 1
## Utrum vita contemplativa nihil habeat in affectu, sed totum in intellectu

Ad primum sic proceditur. Videtur quod vita contemplativa nihil habeat in affectu, sed totum in intellectu.

1. Dicit enim Philosophus, in II *Metaphys.*,[1] quod *finis contemplationis est veritas*. Veritas autem pertinet ad intellectum totaliter. Ergo videtur quod vita contemplativa totaliter in intellectu consistat.

2. Praeterea, Gregorius dicit, in VI *Moral.*,[2] quod *Rachel, quae interpretatur «visum principium», vitam contemplativam significat*. Sed visio principii pertinet proprie ad intellectum. Ergo vita contemplativa proprie ad intellectum pertinet.

3. Praeterea, Gregorius dicit. *super Ezech.*,[3] Quod ad vitam contemplativam pertinet *ab exteriori actione quiescere*. Sed vis affectiva sive appetitiva inclinat ad exteriores actiones. Ergo videtur quod vita contemplativa non pertineat aliquo modo ad vim appetitivam.

SED CONTRA est quod Gregorius ibidem dicit, quod *contemplativa vita est caritatem Dei et proximi tota mente retinere, et soli desiderio Conditoris inhaerere*. Sed desiderium et amor ad vim affectivam sive

---

1. C.1: 993b20-24; S. Th. lect.2, n.290.
2. C.37, al.18, in vet.28, n.61: PL 75, 764B.

## 제1절 관상 생활은 감정과는 무관하고 온전히 지성 안에서만 이루어지는가

**Parall.**: Infra, q.2, ad1; a.7, ad1; *In Sent.*, III, d.35, q.1, a.2, qc.1.

[반론] 첫째에 대해서는 다음과 같이 진행된다. 관상 생활은 감정과는 무관하고 온전히 지성 안에서만 이루어지는 것으로 생각된다.

1. 철학자는 『형이상학』 제2권[1]에서, "관상의 목적은 진리"라고 말한다. 그런데 진리는 전적으로 지성에 속한다. 그러므로 관상 생활은 전적으로 지성 안에 있는 것으로 생각된다.

2. 그레고리우스는 『욥기의 도덕적 해설』 제6권[2]에서 "라헬이라는 이름은 원리를 보는 것을 뜻하고, 관상 생활을 나타낸다."라고 말한다. 그런데 원리를 보는 것은 고유하게 지성에 관련된다. 그러므로 관상 생활은 고유하게 지성에 속한다.

3. 그레고리우스는 『에제키엘서 강해』[3]에서 "외적 활동을 멈추는 것"이 관상 생활의 특징이라고 말한다. 그런데 감정적이거나 욕구적인 능력은 외적 작용을 지향한다. 그러므로 관상 생활은 욕구 능력과 전혀 무관한 것으로 보인다.

[재반론] 그레고리우스는 같은 곳에서, "관상 생활은 하느님과 이웃에 대한 참사랑에 온 정신을 기울이고, 오직 창조주만을 갈망하는 것"이라고 말한다. 그런데 앞서 말한 바와 같이[4] 갈망과 사랑은 감정 내지

---

3. Hom.14; al. l. II, hom.2, n.8: PL 76, 953A.
4. I-II, q.25, a.2; q.26, a.2.

appetitivam pertinet, ut supra[4] habitum est. Ergo etiam vita contemplativa habet aliquid in vi affectiva sive appetitiva.

RESPONDEO dicendum quod, sicut dictum est,[5] vita contemplativa illorum esse dicitur qui principaliter intendunt ad contemplationem veritatis. Intentio autem est actus voluntatis, ut supra[6] habitum est: quia intentio est de fine, qui est voluntatis obiectum. Et ideo vita contemplativa, quantum ad ipsam essentiam actionis, pertinet ad intellectum: quantum autem ad id quod movet ad exercendum talem operationem, pertinet ad voluntatem, quae movet omnes alias potentias, et etiam intellectum, ad suum actum, ut supra[7] dictum est.

Movet autem vis appetitiva ad aliquid inspiciendum, vel sensibiliter vel intelligibiliter, quandoque quidem propter amorem rei visae, quia, ut dicitur Matth. 6, [21], *ubi est thesaurus tuus, ibi est et cor tuum*: quandoque autem propter amorem ipsius cognitionis quam quis ex inspectione consequitur. Et propter hoc Gregorius[8] constituit vitam contemplativam in *caritate Dei:* inquantum scilicet aliquis ex dilectione Dei inardescit ad eius pulchritudinem conspiciendam. Et quia unusquisque delectatur cum adeptus fuerit id quod amat, ideo vita contemplativa terminatur ad delectationem, quae est in affectu: ex qua etiam amor intenditur.[9]

---

5. Q.179, a.1.
6. I-II, q.12, a.1.

욕구 능력에 속한다. 그러므로 관상 생활도 감정 내지 욕구 능력과 연관된다.

[답변] 앞서 말한 바와 같이[5] 관상 생활은 진리의 관상을 주로 지향하는 이들의 생활이다. 그런데 위에서 말한 바와 같이[6] 지향은 의지의 행위다. 지향이 의지의 대상인 목적과 관련되기 때문이다. 그러므로 관상 생활은 그 활동의 본질에 있어서는 지성에 속하지만, 그러한 작용을 실행하게 움직이는 원인에 있어서는 의지에 속한다. 위에서 말한 바와 같이,[7] 의지가 지성을 포함한 다른 모든 능력을 움직여 나름의 행위를 하도록 하기 때문이다.

그런데 욕구 능력은 때로는 마태오복음서 6장 [21절]의 "너의 보물이 있는 곳에 너의 마음도 있다."라는 말씀처럼 관찰하는 그 사물에 대한 사랑 때문에,[8] 때로는 관찰로 얻게 되는 인식 자체에 대한 사랑 때문에 감각이나 지성을 통하여 어떤 것을 관찰하게 한다. 그래서 그레고리우스는[9] 관상 생활이 하느님에 대한 참사랑에 있다고 말한다. 하느님에 대한 참사랑으로 인하여 그분의 아름다우심을 바라보도록 타오르게 되는 것이기 때문이다. 그리고 자신이 사랑하는 것을 얻으면 기뻐하게 되므로 관상 생활은 쾌락으로 끝나게 되는데, 쾌락은 감정에 있는 것이고 또한 그 쾌락 때문에 사랑이 더욱 강렬해진다.

---

7. I, q.82, a.4; I-II, q.9, a.1.
8. Cf. q.166, a.1, ad2.
9. Cf. 재반론.

AD PRIMUM ergo dicendum quod ex hoc ipso quod veritas est finis contemplationis, habet rationem boni appetibilis et amabilis et delectantis. Et secundum hoc pertinet ad vim appetitivam.

AD SECUNDUM dicendum quod ad ipsam visionem primi principii, scilicet Dei, incitat amor ipsius. Unde Gregorius dicit, *super Ezech.*,[10] quod *vita contemplativa, calcatis curis omnibus, ad videndam faciem sui Creatoris inardescit.*

AD TERTIUM dicendum quod vis appetitiva movet non solum membra corporalia ad exteriores actiones exercendas, sed etiam intellectum ad exercendum operationem contemplationis, ut dictum est.[11]

## Articulus 2
## Utrum virtutes morales pertineant ad vitam contemplativam

Ad secundum sic proceditur. Videtur quod virtutes morales pertineant ad vitam contemplativam.

1. Dicit enim Gregorius, *super Ezech.*,[1] quod *contemplativa vita est caritatem quidem Dei et proximi tota mente retinere.* Sed omnes vir-

---

10. Loc. cit.: PL 76, 953B.
11. 본론.

[해답] 1. 진리가 관상의 목적이라는 바로 그 사실에서, 진리는 욕구하고 사랑하고 즐거워할 만한 선으로서의 근거를 갖는다. 또한 이에 따라 진리는 욕구 능력에 연관된다.

2. 하느님에 대한 사랑이 제일원리이신 하느님을 바라보도록 촉구한다. 그래서 그레고리우스는 『에제키엘서 강해』[10]에서 "관상 생활은 다른 모든 관심사를 짓밟고 자기 창조주의 얼굴 뵙기를 갈망한다."라고 말한다.

3. 앞서 말한 바와 같이,[11] 욕구 능력은 몸의 지체들이 외적인 활동을 하도록 움직이게 할 뿐만 아니라 지성이 관상의 작용을 하도록 움직이게 한다.

## 제2절 윤리덕들은 관상 생활에 관련되는가

**Parall.**: Infra, q.181, a.1, ad3; q.182, a.3; *In Sent.*, III, d.35, q.1, a.3, qc.3; *Contra doct. retrah.*, c.7, ad7.

[반론] 둘째에 대해서는 다음과 같이 진행된다. 윤리덕들은 관상 생활에 관련되는 것으로 생각된다.

1. 그레고리우스는 『에제키엘서 강해』[1]에서 "관상 생활은 하느님과 이웃에 대한 참사랑에 온 정신을 기울이는 것"이라고 말한다. 그런

---

1. Homil.14; al. l. II, hom.2, n.8: PL 76, 953A.

tutes morales, de quarum actibus dantur praecepta legis, reducuntur ad dilectionem Dei et proximi: quia *plenitudo legis est dilectio,* ut dicitur *Rom.* 13, [10]. Ergo videtur quod virtutes morales pertineant ad vitam contemplativam.

2. Praeterea, contemplativa vita praecipue ordinatur ad Dei contemplationem: dicit enim Gregorius, *super Ezech.*,[2] quod, *calcatis curis omnibus, ad videndum faciem sui Creatoris inardescit.* Sed ad hoc nullus potest pervenire nisi per munditiam, quam causat virtus moralis: dicitur enim Matth. 5, [8]: *Beati mundo corde, quoniam ipsi Deum videbunt;* et *Heb.* 12, [14]: *Pacem sequimini cum omnibus, et sanctimoniam, sine qua nemo videbit Deum.* Ergo videtur quod virtutes morales pertineant ad vitam contemplativam.

3. Praeterea, Gregorius dicit, *super Ezech.*,[3] quod *contemplativa vita speciosa est in animo:* unde significatur per Rachelem, de qua dicitur, *Gen.* 29, [17], quod *erat pulchra facie.*[4] Sed pulchritudo animi attenditur secundum virtutes morales, et praecipue secundum temperantiam: ut Ambrosius dicit, in I *de Offic.*.[5] Ergo videtur quod virtutes morales pertineant ad vitam contemplativam.

SED CONTRA est quod virtutes morales ordinantur ad exteriores actiones. Sed Gregorius dicit, in VI *Moral.*,[6] quod ad contemplativam

---

2. Loc. cit.: PL 76, 953B.
3. Loc. cit., n.10: PL 76, 954C.
4. 불가타: "decora facie."

데 모든 윤리덕은 그 행위들이 율법 규정으로 정해지는 것이기에 하느님 사랑과 이웃 사랑으로 환원된다. 로마서 13장 [10절]에서 말하듯이 "사랑은 율법의 완성"이기 때문이다. 그러므로 윤리덕들은 관상 생활에 관련되는 것으로 생각된다.

2. 관상 생활은 주로 하느님을 관상하기 위한 삶이다. 그레고리우스는 『에제키엘서 강해』[2]에서, 관상 생활이 "다른 모든 관심사를 짓밟고 자기 창조주의 얼굴 뵙기를 갈망한다."라고 말한다. 그런데 아무도 깨끗함을 통해서가 아니고는 여기에 도달할 수 없고, 그 깨끗함은 윤리덕에 기인한다. 마태오복음서 5장 [8절]에서는 "행복하여라, 마음이 깨끗한 사람들! 그들은 하느님을 볼 것이다."라고 말하고, 히브리서 12장 [14절]에서는 "모든 사람과 평화롭게 지내고 거룩하게 살도록 힘쓰십시오. 거룩해지지 않고는 아무도 하느님을 뵙지 못할 것입니다."라고 말한다. 그러므로 윤리덕들은 관상 생활에 관련되는 것으로 보인다.

3. 그레고리우스는 『에제키엘서 강해』[3]에서 "관상 생활의 아름다움은 영혼 안에 있다."라고 말한다. 그래서 창세기 29장 [17절]에서 "모습이 아름다웠다."[4]고 일컬어지는 라헬이 관상 생활을 상징한다. 그런데 암브로시우스가 『성직자의 의무』 제1권[5]에서 말하듯이 영혼의 아름다움은 윤리덕, 특히 절제에 달려 있다. 그러므로 윤리덕들은 관상 생활에 관련되는 것으로 보인다.

[재반론] 윤리덕들은 외적 활동을 위한 것이다. 그런데 그레고리우스는 『욥기의 도덕적 해설』 제6권[6]에서, "외적 활동을 멈추는 것"이 관상

---

5. C.46, n.209: PL 16, 86B.
6. *In Ezech.*, loc. cit., n.8: PL 76, 953A. 앞 절, 반론3 참조.

vitam pertinet *ab exteriori actione quiescere.* Ergo virtutes morales non pertinent ad vitam contemplativam.

RESPONDEO dicendum quod ad vitam contemplativam potest aliquid pertinere dupliciter: uno modo, essentialiter; alio modo, dispositive. Essentialiter quidem virtutes morales non pertinent ad vitam contemplativam. Quia finis contemplativae vitae est consideratio veritatis. Ad virtutes autem morales *scire quidem,* quod pertinet ad considerationem veritatis, *parvam potestatem habet:* ut Philosophus dicit, in II *Ethic.*.[7] Unde et ipse, in X *Ethic.*,[8] virtutes morales dicit pertinere ad felicitatem activam, non autem ad contemplativam.

Dispositive autem virtutes morales pertinent ad vitam contemplativam. Impeditur enim actus contemplationis, in quo essentialiter consistit vita contemplativa, et per vehementiam passionum, per quam abstrahitur intentio animae ab intelligibilibus ad sensibilia; et per tumultus exteriores. Virtutes autem morales impediunt vehementiam passionum, et sedant exteriorum occupationum tumultus. Et ideo virtutes morales dispositive ad vitam contemplativam pertinent.[9]

AD PRIMUM ergo dicendum quod, sicut dictum est,[10] vita contemplativa habet motivum ex parte affectus: et secundum hoc dilectio Dei et proximi requiritur ad vitam contemplativam. Causae

---

7. C.3: 1105b2-5; S. Th. lect.4, n.284.
8. C.8: 1178a9-23; S. Th. lect.12, nn.2111-2116. Cf. I-II, q.3, a.5.

생활에 속한다고 말한다. 그러므로 윤리덕들은 관상 생활에 관련되지 않는다.

[답변] 어떤 것이 관상 생활에 관련되는 데는 두 가지 방식이 있을 수 있다. 첫째는 본질에 따른 것이고 둘째는 상태에 따른 것이다. 윤리덕들은 본질에 따라서는 관상 생활에 관련되지 않는다. 관상 생활의 목적은 진리를 고찰하는 것인데, 철학자가 『니코마코스 윤리학』 제2권[7]에서 말하듯이 진리의 고찰에 속하는 것인 "앎은 윤리덕들에 별로 관련이 없다." 그래서 그는 『니코마코스 윤리학』 제10권[8]에서 윤리덕들은 관상이 아닌 활동의 행복에 관련된다고 말한다.

그러나 윤리덕들은 상태에 따라서는 관상 생활에 관련된다. 관상 생활은 본질에 있어 관상의 행위로 이루어지는데, 영혼의 지향을 가지적인 것들에서 감각적인 것들로 끌고 가는 격렬한 정념에 의하여 그리고 외적인 소란함에 의하여 관상의 행위가 방해를 받기 때문이다. 윤리덕들은 정념의 격렬함을 막고 외적인 일들의 소란함을 가라앉히므로, 상태에 따라서는 관상 생활에 관련된다.[9]

[해답] 1. 앞서 말한 바와 같이[10] 관상 생활의 동기는 감정에 있고, 그래서 관상 생활을 위해서는 하느님 사랑과 이웃 사랑이 요구된다. 그런데 동인은 사물의 본질에 속하지 않고, 다만 사물을 준비시키고 완성시킨다. 그러므로 윤리덕들은 본질적으로는 관상 생활에 관련되지

---

9. Cf. I-II, q.61, a.1.
10. 제1절.

autem moventes non intrant essentiam rei, sed disponunt et perficiunt rem. Unde non sequitur quod virtutes morales essentialiter pertineant ad vitam contemplativam.

AD SECUNDUM dicendum quod sanctimonia, idest munditia, causatur ex virtutibus quae sunt circa passiones impedientes puritatem rationis. Pax autem causatur ex iustitia, quae est circa operationes, secundum illud Isaiae 32, [17], *Opus iustitiae pax:* inquantum scilicet ille qui ab iniuriis aliorum abstinet, subtrahit litigiorum et tumultuum occasiones. Et sic virtutes morales disponunt ad vitam contemplativam, inquantum causant pacem et munditiam.[11]

AD TERTIUM dicendum quod pulchritudo, sicut supra[12] dictum est, consistit in quadam claritate et debita proportione. Utrumque autem horum radicaliter in ratione invenitur, ad quam pertinet et lumen manifestans, et proportionem debitam in aliis ordinare. Et ideo in vita contemplativa, quae consistit in actu rationis, per se et essentialiter invenitur pulchritudo. Unde *Sap.* 8, [2] de contemplatione sapientiae dicitur: *Amator factus sum formae illius.*

In virtutibus autem moralibus invenitur pulchritudo participative, inquantum scilicet participant ordinem rationis: et praecipue in temperantia, quae reprimit concupiscentias maxime lumen rationis obscurantes.[13] Et inde est quod virtus castitatis maxime reddit hominem aptum ad contemplationem: inquantum delectationes venereae maxime deprimunt mentem ad sensibilia, ut Augustinus dicit, in libro *Soliloquiorum*.[14]

않는다.

2. 거룩함, 곧 깨끗함은 이성의 깨끗함을 가로막는 정념들에 관한 덕들에서 기인한다. 그리고 이사야서 32장 [17절]에서 "정의의 업적은 평화"라고 하듯이, 평화는 작용에 관련되는 것인 정의에 기인한다. 다른 이들에게 불의를 입히기를 삼가는 사람은 분쟁과 소란의 기회를 피하기 때문이다. 그리고 이 때문에 윤리덕들은 평화와 깨끗함을 가져옴으로써 관상 생활을 준비시킨다.[11]

3. 앞서 말한 바와 같이[12] 아름다움은 찬란함과 마땅한 비율에 달려있다. 그런데 이 두 가지는 모두 근본적으로 이성 안에서 찾아볼 수 있다. 아름다움을 드러내는 빛과 다른 것들 안에서 마땅한 비율을 규정하는 일이 이성에 속하기 때문이다. 그래서 이성의 행위인 관상 생활에는 본질적으로 아름다움이 있게 되고, 지혜서 8장 [2절]에서는 지혜의 관상에 대해 "나는 그 아름다움 때문에 사랑에 빠졌다."고 말한다.

한편 윤리덕들 안에는 참여에 의한 아름다움이 있다. 이들이 이성의 질서에 참여하기 때문이다. 특히 절제의 경우가 그러한데, 이는 절제가 이성의 빛을 가장 흐리게 하는 욕망을 제어하기 때문이다.[13] 그러므로 무엇보다 정결의 덕이 사람을 관상에 적합하게 해준다. 아우구스티누스가 『독백』[14]에서 말하듯이 성적인 쾌락이 정신을 가장 감각적인 것들로 내리누르기 때문이다.

---

11. Cf. q.29, a.3, ad3.
12. Q.145, a.2.
13. Cf. ibid, a.4.
14. l.I, c.10: PL 32, 878.

## Articulus 3
## Utrum ad vitam contemplativam pertineant diversi actus

Ad tertium sic proceditur. Videtur quod ad vitam contemplativam pertineant diversi actus.

1. Richardus enim de Sancto Victore[1] distinguit inter *contemplationem, meditationem* et *cogitationem*. Sed omnia ista videntur ad vitam contemplativam pertinere. Ergo videtur quod vitae contemplativae sint diversi actus.

2. Praeterea, Apostolus, II *ad Cor.* 3, [18], dicit: *Nos autem, revelata facie gloriam Domini speculantes, transformamur in eandem claritatem.*[2] Sed hoc pertinet ad vitam contemplativam. Ergo, praeter tria praedicta, etiam *speculatio* ad vitam contemplativam pertinet.

3. Praeterea, Bernardus dicit, in libro *de Consid.*,[3] quod *prima et maxima contemplatio est admiratio maiestatis*. Sed admiratio, secundum Damascenum,[4] ponitur species timoris. Ergo videtur quod plures actus ad vitam contemplativam requirantur.

4. Praeterea, ad vitam contemplativam pertinere dicuntur *oratio, lectio* et *meditatio*.[5] Pertinet etiam ad vitam contemplativam *auditus:* nam de Maria, per quam vita contemplativa significatur, dicitur, Luc. 10, [39], quod *sedens secus pedes Domini, audiebat verba illius.* Ergo

---

1. *De gratia contempl.*, l.I, cc.3-4: PL 196, 66C-68C.
2. 불가타: "Nos vero omnes revelata facie gloriam Domini spectantes, in eandem imaginem transformamur a claritte in claritatem."

## 제3절 다양한 행위들이 관상 생활에 속하는가

**Parall.**: *In Sent.*, III, d.35, q.1, a.2, qc.2; IV, d.15, q.4, a.1, qc. 2, ad1; a.2, qc.1, ad2.

[반론] 셋째에 대해서는 다음과 같이 진행된다. 다양한 행위들이 관상 생활에 속하는 것으로 생각된다.

1. 생 빅토르의 리카르두스는[1] "관상, 묵상, 인식"을 구별하는데, 이들 모두가 관상 생활에 관련되는 것으로 간주된다. 그러므로 관상 생활에는 다양한 행위들이 있는 것으로 보인다.

2. 사도는 코린토 2서 3장 [18절]에서 "우리는 모두 너울을 벗은 얼굴로 주님의 영광을 바라보면서, 그분과 같은 찬란한 모습으로 바뀌어 갑니다."[2]라고 말한다. 그런데 이것은 관상 생활에 속한다. 그러므로 앞서 말한 세 가지 외에 바라보는 것도 관상 생활에 속한다.

3. 베르나르두스는 『고찰』[3]에서 "첫째이고 가장 위대한 관상은 엄위에 대한 경탄"이라고 말한다. 그런데 다마셰누스에 따르면[4] 경탄은 두려움의 일종이다. 그러므로 관상 생활을 위해서는 여러 행위가 요구되는 것으로 보인다.

4. "기도, 독서, 묵상"[5]이 관상 생활에 포함되는 것으로 일컬어진다. 또한 "들음"도 관상 생활에 속한다. 루카복음서 10장 [39절]에서, 관상 생활을 상징하는 마리아는 "주님의 발치에 앉아 그분의 말씀을 듣고 있었다."라고 기록되어 있다. 그러므로 관상 생활에는 여러 행위가 요

---

3. V, c.14, n.32: PL 182, 806C.
4. *De fide orth.*, l.II, c.15: MG 94, 932C.
5. Cf. Hugo de St. Victor, *Allegor. in Nov. Test.*, III, c.3: PL 175, 805A.

q.180, a.3

videtur quod plures actus ad vitam contemplativam requirantur.

SED CONTRA est quod vita hic dicitur operatio cui homo principaliter intendit. Si igitur sunt plures operationes vitae contemplativae, non erit una vita contemplativa, sed plures.

RESPONDEO dicendum quod de vita contemplativa nunc loquimur secundum quod ad hominem pertinet. Haec est autem differentia inter hominem et angelum, ut patet per Dionysium, 7 cap. *de Div. Nom.*,[6] quod angelus simplici apprehensione veritatem intuetur, homo autem quodam processu ex multis pertingit ad intuitum simplicis veritatis. Sic igitur vita contemplativa unum quidem actum habet in quo finaliter perficitur, scilicet contemplationem veritatis, a quo habet unitatem: habet autem multos actus quibus pervenit ad hunc actum finalem. Quorum quidam pertinent ad acceptionem principiorum, ex quibus procedit ad contemplationem veritatis; alii autem pertinent ad deductionem principiorum in veritatem cuius cognitio inquiritur; ultimus autem completivus actus est ipsa contemplatio veritatis.[7]

AD PRIMUM ergo dicendum quod *cogitatio,* secundum Richardum de Sancto Victore,[8] pertinere videtur ad multorum inspectio-

---

6. PG 3, 868BC; S. Th. lect.2, nn.710-713. Cf. I, q.58, a.3; q.79, a.8.

구되는 것으로 보인다.

[재반론] 여기서 생활은 어떤 사람이 주로 지향하는 작용을 의미한다. 그러므로 관상 생활에 여러 활동이 있다면, 하나의 관상 생활이 아니라 다수의 관상 생활이 있게 될 것이다.

[답변] 우리가 지금 말하는 것은 인간에게 해당하는 관상 생활이다. 디오니시우스가 『신명론』 제7장[6]에서 말하듯이 인간과 천사 사이에는 차이가 있다. 천사는 단순한 파악을 통해 진리를 직관하는 반면에 인간은 많은 것으로부터 어떤 과정을 거쳐 단순한 진리를 직관하는 데에 이른다. 그래서 관상 생활에는 그것을 최종적으로 완성하는 하나의 행위인 진리의 관상이 있고 거기서부터 관상 생활의 단일성이 나오지만, 또한 그 최종적 행위에 도달하기 위한 여러 행위들이 있다. 그 행위들 가운데 어떤 것들은 진리의 관상으로 나아가기 위한 원리를 파악하는 것에 관련되고, 또 어떤 것들은 그 원리들로부터 인식하고자 하는 진리를 연역해 내는 것에 관련되며, 마지막이자 최고의 행위는 진리 자체에 대한 관상이다.[7]

[해답] 1. 생 빅토르의 리카르두스에 따르면[8] "인식"은 다수의 것들을 살펴보는 것에 관련된다. 그 다수의 것들로부터 하나의 단순한 진리를

---

7. 파악에 해당하는 것은 들음, 독서, 기도이고(제4답 참조), 연역에 해당하는 것은 사변, 고찰, 인식이며(제1답과 제2답 참조), 관상의 완성에 해당하는 것은 경탄하며 관상하는 것이다(제3답 참조).
8. Loc. cit. in arg.: PL 196, 67D.

nem, ex quibus aliquis colligere intendit unam simplicem veritatem. Unde sub cogitatione comprehendi possunt et perceptiones sensuum, ad cognoscendum aliquos effectus; et imaginationes; et discursus rationis circa diversa signa, vel quaecumque perducentia in cognitionem veritatis intentae. Quamvis secundum Augustinum, XIV *de Trin.*,[9] cogitatio dici possit omnis actualis operatio intellectus. — *Meditatio* vero pertinere videtur ad processum rationis ex principiis aliquibus pertingentis ad veritatis alicuius contemplationem. Et ad idem pertinet *consideratio*, secundum Bernardum.[10] Quamvis secundum Philosophum, in II *de Anima*,[11] omnis operatio intellectus *consideratio* dicatur. — Sed *contemplatio* pertinet ad ipsum simplicem intuitum veritatis.

Unde idem Richardus dicit[12] quod *contemplatio est perspicax et liber animi contuitus in res perspiciendas; meditatio autem est intuitus animi in veritatis inquisitione occupatus; cogitatio autem est animi respectus ad evagationem pronus.*[13]

AD SECUNDUM dicendum quod, sicut dicit glossa Augustini[14] ibidem, *speculantes dicit a speculo, non a specula*. Videre autem aliquid per speculum est videre causam per effectum, in quo eius similitudo relucet. Unde *speculatio* ad meditationem reduci videtur.

AD TERTIUM dicendum quod admiratio est species timoris consequens apprehensionem alicuius rei excedentis nostram facultatem.[15]

---

9. C.7: PL 42, 1042. Cf. I-II, q.109, a.1, ad3.
10. *De consid.*, l.II, c.2, n.5; PL 182, 745B.

파악하고자 하는 것이다. 인식에는 어떤 결과를 알기 위한 감각적 지각, 상상, 그리고 여러 표지나 알고자 하는 진리의 인식에 이르게 하는 모든 것에 관한 이성적 추리가 포함될 수 있다. (이와 달리 아우구스티누스는 『삼위일체론』 제14권[9]에서, 인식이 지성의 모든 현실적인 작용을 뜻할 수 있다고 말한다.) —한편 "묵상"은 이성이 원리들로부터 시작하여 어떤 진리의 관상에까지 이르는 과정에 관한 것이다. 베르나르두스에 따르면[10] "고찰"이 이에 해당한다. (그러나 철학자는 『영혼론』 제2권[11]에서 지성의 모든 작용을 고찰이라고 부른다.) —그리고 "관상"은 진리를 단순하게 직관하는 것이다.

그래서 리카르두스는[12] "관상은 정신이 바라보는 사물을 분명하고 자유롭게 응시하는 것"이고 "묵상은 진리를 찾고 있는 정신이 직관하는 것"이며, "인식은 방황하려고 하는 정신을 살피는 것"[13]이라고 말한다.

2. 이 구절에 대한 아우구스티누스의 주해[14]에 따르면, "'사변'(speculatio)은 '망대'(specula)가 아니라 '거울'(speculum)에서 파생된다." 어떤 것을 거울에 비추어본다는 것은 결과를 통해서 원인을 보는 것에 해당한다. 결과에는 원인의 유사상이 나타나는 것이다. 그래서 사변은 묵상으로 환원되는 것으로 여겨진다.

3. 경탄은 우리의 능력을 넘어서는 어떤 사물에 대한 파악에 뒤따

---

11. C.1: 412a11; S. Th. lect.1, n.216.
12. Loc. cit., cc.3과 4; PL 196, 66D, 67D.
13. I, q.79, a.8, nota 6을 보라.
14. Glossa ordin.: ML 114, 555D; 롬바르두스, PL 192, 28A. Cf. 아우구스티누스, *De Trin.*, V, c.8, n.14: PL 42, 1067.
15. Cf. I-II, q.41, a.4, c, ad4, ad5.

Unde *admiratio* est actus consequens contemplationem sublimis veritatis. Dictum est enim[16] quod contemplatio in affectu terminatur.

AD QUARTUM dicendum quod homo ad cognitionem veritatis pertingit dupliciter. Uno modo, per ea quae ab alio accipit. Et sic quidem, quantum ad ea quae homo a Deo accipit, necessaria est *oratio:* secundum illud *Sap.* 7, [7]: *Invocavi, et venit in me spiritus sapientiae.* Quantum vero ad ea quae accipit ab homine, necessarius est *auditus*, secundum quod accipit ex voce loquentis; et *lectio*, secundum quod accipit ex eo quod per scripturam est traditum. — Alio modo, necessarium est quod adhibeat proprium studium. Et sic requiritur *meditatio.*

## Articulus 4
### Utrum vita contemplativa solum consistat in contemplatione Dei, an etiam in consideratione cuiuscumque veritatis

Ad quartum sic proceditur. Videtur quod vita contemplativa non solum consistat in contemplatione Dei, sed etiam in consideratione cuiuscumque veritatis.

1. Dicitur enim in Psalmo[Ps. 138, 14]: *Mirabilia opera tua: et anima mea cognoscet nimis.* Sed cognitio divinorum operum fit per aliquam veritatis contemplationem. Ergo videtur quod ad vitam contemplativam pertineat non solum divinam veritatem, sed etiam

르는 두려움이다.[15] 그래서 경탄은 지고한 진리에 대한 관상에 뒤따르는 행위가 된다. 앞에서 말한 바와 같이[16] 관상은 감정에서 끝나는 것이다.

4. 인간은 두 가지 방식으로 진리의 인식에 도달할 수 있다. 첫째는 다른 이들로부터 받은 것을 통해서이다. 이 방법에 있어, 인간이 하느님으로부터 받는 것에 관련해서는 "기도"가 필요하다. 지혜서 7장 [7절]에서는 "내가 기도하자 나에게 지혜가 주어졌다."라고 말한다. 그리고 인간으로부터 받는 것에 관련해서는, 말을 통해 받는 것이라면 "들음"이 필요하고 성경을 통해 전수된 것이라면 "독서"가 필요하다. 둘째는 스스로 연구하는 것이 필요한데, 이를 위해서는 "묵상"이 요구된다.

## 제4절 관상 생활은 오직 하느님만을 관상하는 것인가, 아니면 어떤 진리든 다 고찰하는 것인가

**Parall.**: *In Sent.*, III, d.35, q.1, a.2, qc.3.

[반론] 넷째에 대해서는 다음과 같이 진행된다. 관상 생활은 오직 하느님만을 관상하는 것이 아니라 어떤 진리든 고찰하는 것으로 생각된다.

1. 시편 139[138]편 [14절]에서는 "당신의 조물들은 경이로울 뿐, 제

---

16. 제1절.

quamlibet aliam contemplari.

2. Praeterea, Bernardus, in libro *de Consid.*,[1] dicit quod *prima contemplatio est admiratio maiestatis; secunda est iudiciorum Dei; tertia est beneficiorum ipsius; quarta est promissorum.* Sed inter haec quatuor solum primum pertinet ad divinam veritatem, alia vero tria pertinent ad effectus ipsius. Ergo vita contemplativa non solum consistit in consideratione divinae veritatis, sed etiam in consideratione veritatis circa divinos effectus.

3. Praeterea Richardus de Sancto Victore distinguit[2] sex species contemplationum: quarum prima est *secundum solam imaginationem,* dum attendimus res corporales; secunda autem est *in imaginatione secundum rationem,* prout scilicet sensibilium ordinem et dispositionem consideramus; tertia est *in ratione secundum imaginationem,* quando scilicet per inspectionem rerum visibilium ad invisibilia sublevamur; quarta autem est *in ratione secundum rationem,* quando scilicet animus intendit invisibilibus, quae imaginatio non novit; quinta autem est *supra rationem,* quando ex divina revelatione cognoscimus quae humana ratione comprehendi non possunt; sexta autem est *supra rationem et praeter rationem,* quando scilicet ex divina illuminatione cognoscimus ea quae humanae rationi repugnare videntur, sicut ea quae dicuntur de mysterio Trinitatis. Sed solum ultimum videtur ad divinam veritatem pertinere. Ergo contemplatio non solum respic-

---

1. V, c.14, n.32: PL 182, 806CD.

영혼이 이를 잘 압니다."라고 말한다. 그런데 하느님의 조물들을 아는 것은 진리의 관상을 통해서 이루어진다. 그러므로 신적 진리뿐만 아니라 다른 어떤 것이든 관상하는 것은 관상 생활에 속하는 것으로 생각된다.

2. 베르나르두스는 『고찰』¹에서 "첫째 관상은 엄위에 대한 경탄이고, 둘째는 하느님의 심판에 대한 것이며, 셋째는 그분의 은혜에 대한 것이고, 넷째는 그분의 약속에 대한 것이다."라고 말한다. 그런데 이 네 가지 가운데 첫째만 신적 진리에 속하고, 다른 것들은 그분이 하신 일들에 대한 것이다. 그러므로 관상 생활은 신적 진리만을 고찰하는 것이 아니라 또한 하느님이 하신 일들에 대한 고찰도 포함한다.

3. 생 빅토르의 리카르두스는² 관상의 여섯 종류를 구별한다. 그 첫째는 오직 상상에만 속하며, 물질적 사물을 생각하는 것이다. 둘째는 이성에 따른 상상 안에서 이루어지며, 감각적 대상들의 질서와 상태를 고찰하는 것이다. 셋째는 상상에 따른 이성 안에서 이루어지며, 눈에 보이는 사물을 들여다봄으로써 눈에 보이지 않는 것들로 올라가는 것이다. 넷째는 이성에 따른 이성 안에서 이루어지는 것으로서, 상상이 알지 못하는 비가시적인 대상을 정신이 바라보는 것이다. 다섯째는 이성을 넘어서는 것으로서, 신적 계시로부터 인간 이성이 이해할 수 없는 것을 알게 되는 것이다. 여섯째는 이성을 넘어서고 이성을 벗어나는 것으로, 신적 조명으로 인간 이성에는 받아들일 수 없게 보이는 것을 알게 되는 것이다. 예를 들어 삼위일체 신비에 대한 것들이 여기에 속한다. 그런데 이들 가운데 마지막 것만이 신적 진리에 관한 것이다.

---

2. *De grat. contempl.*, l.I, c.6: PL 196, 70B.

it divinam veritatem, sed etiam eam quae in creaturis consideratur.

4. Praeterea, in vita contemplativa quaeritur contemplatio veritatis inquantum est perfectio hominis. Sed quaelibet veritas est perfectio humani intellectus. Ergo in qualibet contemplatione veritatis consistit vita contemplativa.

SED CONTRA est quod Gregorius dicit, in VI *Moral.*,[3] quod *in contemplatione principium, quod Deus est, quaeritur.*

RESPONDEO dicendum quod, sicut iam[4] dictum est, ad vitam contemplativam pertinet aliquid dupliciter: uno modo, principaliter; alio modo, secundario vel dispositive. Principaliter quidem ad vitam contemplativam pertinet contemplatio divinae veritatis: quia huiusmodi contemplatio est finis totius humanae vitae.[5] Unde Augustinus dicit, in I *de Trin.*.[6] quod *contemplatio Dei promittitur nobis actionum omnium finis, atque aeterna perfectio gaudiorum.* Quae quidem in futura vita erit perfecta, quando videbimus eum *facie ad faciem*[7]: unde et perfecte beatos faciet. Nunc autem contemplatio divinae veritatis competit nobis imperfecte, videlicet *per speculum et in aenigmate*[8]: unde per eam fit nobis quaedam inchoatio beatitudinis, quae hic incipit ut in futuro terminetur. Unde et Philosophus, in X *Ethic.*,[9] in contem-

---

3. C.37, al. 18, in vet. 28, n.61; PL 75, 764B.
4. 제2절.

그러므로 관상은 신적 진리만을 보는 것이 아니라 피조물 안에 있는 진리도 바라보는 것이다.

4. 관상 생활에서 진리의 관상은 인간의 완전성으로서 추구된다. 그런데 모든 진리는 인간 지성의 완전성이다. 그러므로 어떤 진리의 관상이나 관상 생활이 있다.

[재반론] 그레고리우스는 『욥기의 도덕적 해설』 제6권[3]에서 "관상에서는 원리이신 하느님을 찾는다."라고 말한다.

[답변] 앞서 말한 바와 같이[4] 어떤 사물이 관상 생활에 관련되는 데는 두 가지 방식이 있다. 한 가지는 주요하게 관련되는 것이고, 다른 한 가지는 부수적으로 또는 상태에 따라 관련되는 것이다. 주요하게 관상 생활에 속하는 것은 신적 진리의 관상이다. 그 관상이 인간 생활 전체의 목적이기 때문이다.[5] 그래서 아우구스티누스는 『삼위일체론』 제1권[6]에서 "하느님에 대한 관상은 우리에게 우리 모든 활동의 목적이며 모든 즐거움의 영원한 완성으로서 약속되어 있다."고 말한다. 그러한 관상은 내세의 삶에서 우리가 하느님을 얼굴을 맞대고[7] 뵙게 될 때 완전하게 될 것이며, 그것이 우리를 완전히 복되게 할 것이다. 지금은 신적 진리에 대한 관상이 우리에게 불완전하게, 곧 "거울에 비친 모습처럼 어렴풋이"[8] 이루어진다. 이것은 우리에게 참행복의 시작이 된다. 참행복은 이 세상에서 시작되고 내세에서 완성되는 것이

---

5. Cf. I-II, q.3, aa.5-8.
6. C.8, n.17; PL 42, 831.
7. 1코린 13,12 참조.
8. Ibid.

platione optimi intelligibilis ponit ultimam felicitatem hominis.

Sed quia per divinos effectus in Dei contemplationem manuducimur, secundum illud *Rom.* 1, [20], *Invisibilia Dei per ea quae facta sunt, intellecta, conspiciuntur*[10]: inde est quod etiam contemplatio divinorum effectuum secundario ad vitam contemplativam pertinet, prout scilicet ex hoc manuducitur homo in Dei cognitionem. Unde Augustinus dicit, in libro *de Vera Relig.*,[11] quod *in creaturarum consideratione non vana et peritura curiositas est exercenda, sed gradus ad immortalia et semper manentia faciendus.*

Sic igitur ex praemissis[12] patet quod ordine quodam quatuor ad vitam contemplativam pertinent: primo quidem, virtutes morales: secundo autem, alii actus praeter contemplationem; tertio vero, contemplatio divinorum effectuum; quarto vero completivum est ipsa contemplatio divinae veritatis.

AD PRIMUM ergo dicendum quod David cognitionem operum Dei quaerebat ut ex hoc manuduceretur in Deum. Unde alibi[13] dicit: *Meditabor in omnibus operibus tuis, et in factis manuum tuarum meditabor: expandi manus meas ad te.*

AD SECUNDUM dicendum quod ex consideratione divinorum

---

9. C.7: 1177a17-21; S. Th. lect.10, n.2087.
10. 불가타: "Invisibilia enim ipsius⋯ per ea quae facta sunt intellecta conspiciuntur."
11. C.29, n.52: PL 34, 145.

다. 그래서 철학자는 『니코마코스 윤리학』 제10권[9]에서 인간의 마지막 행복은 최상의 가지적 대상을 관상하는 데에 있다고 말한다.

그러나 로마서 1장 [20절]에서 "하느님의 보이지 않는 본성을 피조물을 통하여 알아보고 깨달을 수 있다."[10]라고 하듯이, 하느님의 업적들은 우리 손을 잡고 하느님을 관상하도록 이끌어준다. 그래서 하느님이 하신 일들을 관상하는 것 역시 부수적으로는 관상 생활에 속한다. 그것이 인간의 손을 잡고 하느님을 알도록 이끌어주기 때문이다. 이에 따라 아우구스티누스는 『참된 종교』[11]에서, "피조물을 고찰할 때 헛되고 덧없는 호기심을 가질 것이 아니라 그것을 죽지 않고 영원히 남는 것들을 향해 올라가는 계단으로 삼아야 한다."고 말한다.

그러므로 앞에서 말한 것들로부터,[12] 이 네 가지가 일정한 순서로 관상 생활에 속한다는 것이 드러난다. 그 첫째는 윤리덕들이고, 둘째는 관상 이전의 다른 행위들이며, 셋째는 하느님이 하신 일들에 대한 관상이고, 넷째는 신적 진리들의 관상을 완성하는 것이다.

[해답] 1. 다윗은 하느님의 피조물들로부터 하느님께로 인도되기 위하여 그 조물들을 알고자 했다. 그래서 다른 곳에서[13] "당신의 모든 업적을 묵상하고 당신 손이 이루신 일을 되새깁니다. 저의 두 손 당신을 향하여 펼칩니다."라고 말한다.

2. 하느님의 심판을 고찰함으로써 인간은 하느님의 의로우심을 관

---

12. 제2절과 제3절.
13. 시편 143,5-6절. 불가타: "Meditatus sum in omnibus operibus et in factis manum tuarum meditabar. Expandi manus meas ad te."

iudiciorum manuducitur homo in contemplationem divinae iustitiae, ex consideratione autem divinorum beneficiorum et promissorum manuducitur homo in cognitionem divinae misericordiae seu bonitatis, quasi per effectus exhibitos vel exhibendos.

AD TERTIUM dicendum quod per illa sex designantur gradus quibus per creaturas in Dei contemplationem ascenditur. Nam in primo gradu ponitur perceptio ipsorum sensibilium; in secundo vero gradu ponitur progressus a sensibilibus ad intelligibilia; in tertio vero gradu ponitur diiudicatio sensibilium secundum intelligibilia; in quarto vero gradu ponitur absoluta consideratio intelligibilium in quae per sensibilia pervenitur; in quinto vero gradu ponitur contemplatio intelligibilium quae per sensibilia inveniri non possunt, sed per rationem capi possunt; in sexto gradu ponitur consideratio intelligibilium quae ratio nec invenire nec capere potest, quae scilicet pertinent ad sublimem contemplationem divinae veritatis, in qua finaliter contemplatio perficitur.

AD QUARTUM dicendum quod ultima perfectio humani intellectus est veritas divina: aliae autem veritates perficiunt intellectum in ordine ad veritatem divinam.

상하도록 인도된다. 또한 하느님의 은혜와 약속들을 고찰함으로써 하느님의 자비나 선하심을 알도록 인도된다. 이미 드러난, 또는 장차 드러날 결과들을 통해서 인도되는 것이다.

3. 이 여섯 가지는 피조물을 통하여 하느님을 관상하도록 올라가는 단계들을 지칭한다. 첫 단계에서는 감각적 대상들을 지각한다. 둘째 단계에서는 감각적인 것들로부터 가지적인 것들로 나아간다. 셋째 단계에서는 감각적인 대상들에 대하여 가지적인 것들에 따라 판단을 내린다. 넷째 단계에서는 감각적인 것들을 통하여 도달하는 가지적인 것들에 대해 절대적으로 고찰한다. 다섯째 단계에서는 감각적인 것들을 통하여 도달할 수 없지만 이성으로 파악할 수 있는 가지적인 것들에 대해 관상한다. 여섯째 단계에서는 이성이 발견할 수도 없고 파악할 수도 없으며, 신적 진리의 지고한 관상에 속하는 가지적인 것들을 고찰한다. 여기에서 관상이 마침내 완성된다.

4. 인간 지성의 최종적 완성은 신적 진리에 있다. 다른 진리들은 신적 진리를 지향하는 한에서 지성을 완전하게 한다.

## Articulus 5
## Utrum vita contemplativa, secundum statum huius vitae, possit pertingere ad visionem divinae essentiae

Ad quintum sic proceditur. Videtur quod vita contemplativa, secundum statum huius vitae, possit pertingere ad visionem divinae essentiae.

1. Quia, ut habetur *Gen.* 32, [30], Iacob dixit: *Vidi Deum facie ad faciem, et salva facta est anima mea.* Sed visio faciei est visio divinae essentiae. Ergo videtur quod aliquis per contemplationem in praesenti vita possit se extendere ad videndum Deum per essentiam.

2. Praeterea, Gregorius dicit, in VI *Moral.*,[1] quod viri contemplativi *ad semetipsos introrsus redeunt, in eo quod spiritualia rimantur, et nequaquam secum rerum corporalium umbras trahunt, vel fortasse tractas manu discretionis abigunt: sed incircumscriptum lumen videre cupientes, cunctas circumscriptionis suae imagines deprimunt, et in eo quod super se contingere appetunt, vincunt quod sunt.* Sed homo non impeditur a visione divinae essentiae, quae est lumen incircumscriptum, nisi per hoc quod necesse habet intendere corporalibus phantasmatibus. Ergo videtur quod contemplatio praesentis vitae potest se

---

1. C.37, al.16, in vet.27, n.59: PL 75, 763C.

## 제5절 현세의 삶의 상태에서 관상 생활이 신적 본질을 보는 데에 이를 수 있는가

**Parall.**: Supra, q.175, a.4,5; I, q.12, a.11; *In Sent.*, III, d.27, q.3, a.1; d.35, q.2, a.2, qc.2; *In Sent.*, IV, d.49, q.2, a.7; *ScG*, III, 47; *De veritate*, q.10, a.11; q.13, a.4; *Quodlibet.*, I, q.1; *In Ioan.*, c.1, lect.11; *In Ep. II ad Cor.*, c.12, lect.1.

[반론] 다섯째에 대해서는 다음과 같이 진행된다. 현세의 삶의 상태에서 관상 생활은 신적 본질을 보는 데에 이를 수 있는 것으로 생각된다.

1. 창세기 32장 [31절]에서 말하듯이, 야곱은 "내가 서로 얼굴을 맞대고 하느님을 뵈었는데도 내 목숨을 건졌구나."라고 말했다. 그런데 하느님의 얼굴을 뵙는다는 것은 신적 본질을 보는 것이다. 그러므로 현재의 삶에서 하느님의 본질을 보는 데에 이를 수 있는 것으로 생각된다.

2. 그레고리우스는 『욥기의 도덕적 해설』 제6권[1]에서 관상적인 사람들은 "영적인 것들을 탐구하는 데에 전념하여 육체적인 것의 그림자를 전혀 지니지 않거나 또는 분별 있는 손으로 그런 것들을 멀리한다. 그들은 한없는 빛을 보기를 갈망하여 그들 자신이 지닌 표상들의 한계를 극복하고, 자신을 초월하여 도달하고자 하는 것 안으로 넘어선다."고 말한다. 그런데 인간이 한없는 빛인 신적 본질을 보는 데에 장애가 되는 것은 오직 그가 물질적인 감각상을 필요로 한다는 점밖에 없다. 따라서 현세의 삶에서 관상은 한없는 빛의 본질을 보는 데까지 이를 수 있는 것으로 생각된다.

3. 그레고리우스는 『대화』 제2권[2]에서 이렇게 말한다. "창조주를 보

extendere ad videndum incircumscriptum lumen per essentiam.

3. Praeterea, Gregorius, in II *Dialog.*,² dicit: *Animae videnti Creatorem angusta est omnis creatura. Vir ergo Dei,* scilicet beatus Benedictus, *qui in turri globum igneum, angelos quoque ad caelos redeuntes videbat, haec procul dubio cernere non nisi in Dei lumine poterat.* Sed beatus Benedictus adhuc praesenti vita vivebat. Ergo contemplatio praesentis vitae potest se extendere ad videndam Dei essentiam.

SED CONTRA est quod Gregorius dicit, *super Ezech.*³: *Quandiu in hac mortali carne vivitur, nullus ita in contemplationis virtute proficit ut in ipso incircumscripti luminis radio mentis oculos infigat.*

RESPONDEO dicendum quod, sicut Augustinus dicit, XII *super Gen. ad litt.*,⁴ *nemo videns Deum vivit ista vita qua mortaliter vivitur in istis sensibus corporis: sed nisi ab hac vita quisque quodammodo moriatur, sive omnino exiens de corpore sive alienatus a carnalibus sensibus, in illam non subvehitur visionem.* Quae supra diligentius pertractata sunt, ubi dictum est de raptu⁵; et in Primo, ubi actum est de Dei visione.⁶ Sic igitur dicendum est quod in hac vita potest esse aliquis dupliciter. Uno modo, secundum actum: inquantum scilicet actualiter utitur sensibus corporis. Et sic nullo modo contemplatio praesentis vitae potest pertingere ad videndum Dei essentiam. —Alio

---

2. C.35: PL 66, 200AB.

는 영혼에게 모든 피조물은 협소하다. 그래서 하느님의 사람이" 곧 복된 베네딕투스가 "탑에서 불덩이와 하늘로 돌아가는 천사들을 보았을 때, 의심할 여지 없이 그는 오직 하느님의 빛 안에서 이를 본 것이었다." 그런데 복된 베네딕투스는 아직 현세의 삶을 살고 있었다. 그러므로 현재의 삶에서 관상은 하느님의 본질을 보는 데까지 이를 수 있는 것으로 생각된다.

[재반론] 그레고리우스는 『에제키엘서 강해』[3]에서 이렇게 말한다. "이 사멸할 육신 안에 사는 동안은 아무도 정신의 눈을 한없는 빛의 광채 자체에 고정시킬 만한 관상의 높이에까지 이르지 못한다."

[답변] 아우구스티누스가 『창세기 문자적 해설』 제12권[4]에서 말하듯이 "하느님을 보는 사람은 아무도 육신의 감각을 지닌 사멸할 삶을 살지 않는다. 이 삶에서 죽어 육신을 온전히 벗어나든지 아니면 육적인 감각과 거리가 멀게 되지 않고서는 하느님을 뵙는 데에 이르지 못한다." 이 점은 위에서 황홀에 대해 말할 때[5] 그리고 제1부에서 하느님을 보는 것에 대해 말할 때[6] 더 상세하게 다루었다.

이에 따라 어떤 사람이 현세의 삶에서 존재하는 데는 두 가지 방식이 있다고 말해야 한다. 첫째는 현실태에 따라서, 곧 현실적으로 육신의 감각들을 사용하는 데에 따라서 존재하는 것이다. 이러한 방식으

---

3. Hom.14; al. l.II, hom.2, n.14: PL 76, 956AB.
4. C.27: PL 34, 477-478.
5. Q.175, aa.4-5.
6. Q.12, a.11.

modo potest esse aliquis in hac vita potentialiter, et non secundum actum: inquantum scilicet anima eius est corpori mortali coniuncta ut forma, ita tamen quod non utatur corporis sensibus, aut etiam imaginatione, sicut accidit in raptu. Et sic potest contemplatio huius vitae pertingere ad visionem divinae essentiae. Unde supremus gradus contemplationis praesentis vitae est qualem habuit Paulus in raptu,[7] secundum quem fuit medio modo se habens inter statum praesentis vitae et futurae.

AD PRIMUM ergo dicendum quod, sicut Dionysius, in Epistola *ad Caium Monachum*,[8] dicit, *si aliquis videns Deum intellexit quod vidit, non ipsum vidit, sed aliquid eorum quae sunt eius*. Et Gregorius dicit, *super Ezech.*,[9] quod *nequaquam omnipotens Deus iam in sua claritate conspicitur: sed quiddam sub illa speculatur anima, unde recta proficiat, et post ad visionis eius gloriam pertingat*. Per hoc ergo quod Iacob dixit, *Vidi Deum facie ad faciem,* non est intelligendum quod Dei essentiam viderit: sed quod formam, scilicet imaginariam, vidit in qua Deus locutus est ei. —Vel, *quia per faciem quemlibet agnoscimus, cognitionem Dei faciem eius vocavit:* sicut glossa[10] Gregorii ibidem dicit.

---

7. 2코린 12,2 이하 참조.
8. PG 3, 1065A.
9. Loc. cit.: PL 76, 956B.

로는 현세 삶에서 관상은 결코 하느님의 본질을 보는 데에 이를 수 없다. —둘째는 현실태에 따라서가 아니라 가능적으로, 곧 그의 영혼이 형상으로서는 사멸할 육신에 결합되어 있지만 황홀의 경우와 같이 육신의 감각들이나 상상을 사용하지 않으면서 존재하는 것이다. 이 경우 현세 삶에서 관상이 하느님의 본질을 보는 데에 이를 수 있다. 그러므로 현세의 삶에서 가장 높은 단계의 관상은 바오로가 황홀에 빠졌을 때 겪었던 것이다.[7] 그 황홀에서 그는 현세의 삶과 내세의 삶의 중간에 있었다.

[해답] 1. 디오니시우스가 『수도승 카이우스에게 보낸 서한』[8]에서 말하듯이, "만일 어떤 사람이 하느님을 보면서 자신이 보는 것을 이해한다면, 그는 하느님 자신을 본 것이 아니라 하느님께 속한 어떤 것을 본 것이다." 그레고리우스는 『에제키엘서 강해』[9]에서 이렇게 말한다. "찬란함 안에 계신 전능하신 하느님은 직접 볼 수 없다. 그러나 영혼은 그보다 낮은 어떤 것을 살펴볼 수 있고, 이로써 올바로 진보하여 나중에는 그분의 영광을 보는 데에 이르게 된다." 그러므로 야곱이 "내가 서로 얼굴을 맞대고 하느님을 뵈었다."라고 말한 것은 그가 하느님의 본질을 보았다는 의미로 이해할 것이 아니라, 그가 어떤 형태를, 하느님이 그에게 말씀하신 어떤 표상을 보았다는 의미로 이해해야 한다. —또는 그레고리우스의 주해[10]에서 말하듯이 "우리는 얼굴에서 어떤 사람을 알게 되므로, 하느님에 대한 앎을 그분의 얼굴이라고 부른 것이다."

---

10. Ordin. super Gen. 32,30: PL 113, 160A. Cf. Gregorius, *Moral*, XXIV, c.6, n.12: PL 76, 293A.

AD SECUNDUM dicendum quod contemplatio humana, secundum statum praesentis vitae, non potest esse absque phantasmatibus: quia connaturale est homini ut species intelligibiles in phantasmatibus videat, sicut Philosophus dicit, in III *de Anima*.[11] Sed tamen intellectualis cognitio non sistit in ipsis phantasmatibus, sed in eis contemplatur puritatem intelligibilis veritatis. Et hoc non solum in cognitione naturali, sed etiam in eis quae per revelationem cognoscimus: dicit enim Dionysius, 1 cap. *Cael. Hier.*,[12] quod *angelorum hierarchias manifestat nobis divina claritas in quibusdam symbolis figuratis;* ex cuius virtute restituimur *in simplum radium,* idest in simplicem cognitionem intelligibilis veritatis. Et sic intelligendum est quod Gregorius dicit, quod contemplantes *corporalium rerum umbras non secum trahunt,* quia videlicet in eis non sistit eorum contemplatio, sed potius in consideratione intelligibilis veritatis.

AD TERTIUM dicendum quod ex verbis illis Gregorii non datur intelligi quod beatus Benedictus Deum in illa visione per essentiam viderit: sed vult ostendere quod, *quia videnti Creatorem angusta est omnis creatura,* consequens est quod per illustrationem divini luminis de facili possint quaecumque videri. Unde subdit[13]: *Quamlibet enim parum de luce creatoris aspexerit, breve ei fit omne quod creatum est.*[14]

---

11. C.7: 431a16-17; S. Th. lect.12, n.772. Cf. I, q.85, a.1.
12. PG 3, 121AB.
13. Ibid.: PL 56, 200A.

2. 현세의 삶의 상태에서, 인간의 관상에는 감각상들이 없을 수 없다. 철학자가 『영혼론』 제3권[11]에서 말하듯이 감각상들 안에서 가지적 형상을 보는 것이 인간의 본성에 부합하기 때문이다. 그러나 지성적 인식은 감각상들 자체 안에 있는 것이 아니라, 감각상들 안에서 가지적 진리의 깨끗함을 관상하는 데에 있다. 그리고 이것은 본성적 인식뿐 아니라 계시를 통해서도 얻어진다. 디오니시우스는 『천상위계』 제1장[12]에서, "하느님의 영광은 어떤 상징적 표상들을 통하여 우리에게 천사들의 위계를 보여주신다."라고 말한다. 그 표상들에 힘입어 "단순한 광채", 곧 가지적 진리에 대한 단순한 인식에 이른다. 그레고리우스가 "관상하는 사람은 육체적인 것의 그림자를 전혀 지니지 않는다."고 말한 것은 이러한 의미로 이해해야 한다. 그들의 관상은 여기에 멈추지 않고 오히려 가지적 진리를 고찰하기 때문이다.

3. 그레고리우스는 이 말로써 복된 베네딕투스가 하느님의 본질을 보았다고 말하려는 것이 아니라, "창조주를 보는 영혼에게 모든 피조물은 협소"하므로 신적 빛의 조명을 통하여 모든 것을 쉽게 볼 수 있게 된다고 말하려 한 것이다. 그래서 그는[13] "창조주의 빛에서 비록 아주 작은 부분을 본다 하더라도, 창조된 모든 것은 그에게 사소한 것이 된다."[14]라고 덧붙인다.

---

14. 이 말들에서 그레고리우스는 비례에 의한 논증을 시도한다. 하느님의 본질을 보는 사람이, 그것에 비교하면 모든 피조물을 사소하게 여겨야 한다고 본다면, 복된 베네딕투스가 신적 빛을 통하여 인간이 보통 보는 것보다 더 많은 것을 볼 수 있었더라도 놀라운 일이 아니다. *Quodl.*, I, q.1, a. un., ad1.

## Articulus 6
## Utrum operatio contemplationis convenienter distinguatur per tres motus, circularem, rectum et obliquum

Ad sextum sic proceditur. Videtur quod inconvenienter operatio contemplationis distinguatur per tres motus, circularem rectum et obliquum, 4 cap. *de Div. Nom.*.[1]

1. Contemplatio enim ad quietem pertinet: secundum illud *Sap.* 8, [16]: *Intrans in domum meam, conquiescam cum illa.* Sed motus quieti opponitur. Non ergo operationes contemplativae vitae per motus designari debent.

2. Praeterea, actio contemplativae vitae ad intellectum pertinet, secundum quem homo cum angelis convenit. Sed in angelis aliter assignat Dionysius hos motus quam in anima. Dicit enim[2] motum circularem angeli esse secundum *illuminationes pulchri et boni.* Motum autem circularem animae secundum plura determinat. Quorum primum est *introitus animae ab exterioribus ad seipsam;* secundum est quaedam *convolutio virtutum ipsius,* per quam anima liberatur ab *errore* et ab *exteriori occupatione;* tertium autem est *unio ad ea quae supra se sunt.* —Similiter etiam differenter describit motum rectum utriusque. Nam rectum motum angeli dicit esse secundum quod *procedit ad subiectorum providentiam.* Motum autem rectum ani-

## 제6절 관상의 작용은 원형, 직선형, 나선형의 세 가지 움직임으로 적절하게 구별되는가

**Parall.**: *In Sent.*, I, d.37, q.4, a.1; *De veritate*, q.8, a.15, ad3; *In Psalm.*, 26; *In De div. nom.*, c.4, lect.7.

[반론] 여섯째에 대해서는 다음과 같이 진행된다. 『신명론』 제4장[1]에서 관상의 작용을 원형, 직선형, 나선형의 세 가지 움직임으로 구별한 것은 부적절하다고 생각된다.

1. 관상은 휴식에 속한다. 지혜서 8장 [16절]에서는 "집에 들어가면 지혜와 함께 편히 쉬리니"라고 말한다. 그런데 움직임은 휴식에 대립된다. 그러므로 관상 생활의 작용들을 움직임으로 지칭하지 말아야 한다.

2. 관상 생활의 활동은 지성에 관련되는데, 이는 인간과 천사에게 공통된 부분이다. 그런데 디오니시우스는 천사들에게 이 움직임을 영혼의 경우와 다른 방식으로 할당한다. 그는[2] 천사들이 원형으로 움직이는 것이 "아름다움과 선의 조명"에 따른다고 말하고, 영혼이 원형으로 움직이는 것은 여러 요인에 의한 것이라고 본다. 첫째는 "영혼이 외적인 것들로부터 자신 안으로 들어감"이고, 둘째는 "자신의 능력들을 집중시켜 영혼이 오류와 외부의 일들로부터 벗어남"이며, 셋째는 "자신

---

1. PG 3, 704D; S. Th. lect.7, nn.369-373.
2. PG 3, 704D-705B; S. Th. lect.7, nn.369-379.

mae ponit in duobus: primo quidem, in hoc quod *progreditur ad ea quae sunt circa ipsam;* secundo autem, in hoc quod *ab exterioribus ad simplices contemplationes elevatur.* —Sed et motum obliquum diversimode in utrisque determinat. Nam obliquum motum in angelis assignat ex hoc quod, *providendo minus habentibus, manent in identitate circa Deum.* Obliquum autem motum animae assignat ex eo quod *anima illuminatur divinis cognitionibus rationabiliter et diffuse.* —Non ergo videntur convenienter assignari operationes contemplationis per modos praedictos.

3. Praeterea, Richardus de Sancto Victore, in libro *de Contempl.*,[3] ponit multas alias differentias motuum, ad similitudinem volatilium caeli. Quarum *quaedam nunc ad altiora se attollunt, nunc autem in inferiora demerguntur, et hoc saepius repetere videntur; aliae vero dextrorsum vel sinistrorsum divertunt multoties; quaedam vero moventur in anteriora vel posteriora frequenter; aliae vero quasi in gyrum vertuntur, secundum latiores vel contractiores circuitus; quaedam vero quasi immobiliter suspensae in uno loco manent.* Ergo videtur quod non sint solum tres motus contemplationis.

IN CONTRARIUM est auctoritas Dionysii.

RESPONDEO dicendum quod, sicut supra[4] dictum est, operatio

---

3. *De grati. contempl.*, I, c.5: PL 196, 68D-69A.

보다 위에 있는 것들과 결합됨"이다. ―마찬가지로 그는 천사와 영혼의 직선적인 움직임도 달리 묘사한다. 그는 천사가 직선형으로 움직이는 것은 "자신보다 하위의 것들을 돌봄"이라고 말한다. 영혼의 경우 직선형 움직임은 두 가지인데, 첫째는 "주변의 것들을 향함"이고 둘째는 "외적인 것들로부터 단순한 것들에 대한 관상으로 올라감"이다. ―나선형의 움직임도 두 경우에 서로 달리 서술된다. 천사들의 경우 나선형의 움직임은 "부족한 이들을 돌보면서 하느님에 대한 관계에서는 동일하게 남아 있음"이고, 영혼의 경우 나선형의 움직임은 "영혼이 이성적으로 그리고 추론에 의하여 신적 인식에 대한 조명을 받음"이다. ―그러므로 관상의 작용들을 앞서 말한 방식으로 나누는 것은 적절하게 보이지 않는다.

3. 생 빅토르의 리카르두스는 『관상의 은총』[3]에서 하늘을 나는 새들을 비유로 들어 다른 많은 움직임을 이야기한다. "어떤 새들은 높이 날아 올랐다가 낮게 내려가는 것을 거듭 되풀이하곤 한다. 어떤 새들은 오른쪽으로 날다가 다시 왼쪽으로 날기를 반복하고, 어떤 새들은 앞으로 갔다가 뒤로 가기를 자주 반복한다. 어떤 새들은 크게 돌다가 다시 작게 돌고, 또 어떤 새들은 거의 움직이지 않고 한곳에 머물러 있는다." 그러므로 관상의 움직임은 세 가지만 있는 것이 아니다.

[재반론] 디오니시우스의 권위가 있다.

[답변] 관상은 본질적으로 지성의 작용인데, 위에서 말한 바와 같이[4]

---

4. Q.179, a.1, ad3.

intellectus, in qua contemplatio essentialiter consistit, motus dicitur secundum quod motus est *actus perfecti,* ut Philosophus dicit, in III *de Anima.*[5] Quia enim per sensibilia in cognitionem intelligibilium devenimus, operationes autem sensibiles sine motu non fiunt, inde est quod etiam operationes intelligibiles quasi motus quidam describuntur, et secundum similitudinem diversorum motuum earum differentia assignatur. In motibus autem corporalibus perfectiores et primi sunt locales, ut probatur in VIII *Physic..*[6] Et ideo sub eorum similitudine potissime operationes intelligibiles describuntur.[7] Quorum quidem sunt tres differentiae: nam quidam *est circularis,* secundum quem aliquid movetur uniformiter circa idem centrum; alius autem est *rectus,* secundum quem aliquid procedit ab uno in aliud, tertius autem est *obliquus,* quasi compositus ex utroque. Et ideo in operationibus intelligibilibus id quod simpliciter habet uniformitatem, attribuitur motui circulari; operatio autem intelligibilis secundum quam proceditur de uno in aliud, attribuitur motui recto; operatio autem intelligibilis habens aliquid uniformitatis simul cum processu ad diversa, attribuitur motui obliquo.

AD PRIMUM ergo dicendum quod motus corporales exteriores opponuntur quieti contemplationis, quae intelligitur esse ab exterioribus occupationibus. Sed motus intelligibilium operationum ad ipsam quietem contemplationis pertinent.

AD SECUNDUM dicendum quod homo convenit in intellectu cum angelis in genere, sed vis intellectiva est multo altior in angelo

지성의 작용이 움직임이라고 일컬어지는 것은, 철학자가 『영혼론』 제3권[5]에서 말하듯이 움직임이 "완전한 것의 행위"이기 때문이다. 그러나 우리는 감각적 대상을 통하여 가지적인 것의 인식에 이르게 되고 감각적인 작용들은 움직임 없이 이루어지지 않으므로, 가지적인 작용도 마치 움직임의 일종처럼 서술되고 여러 움직임을 비유로 들어 그 차이를 설명하게 된다. 그런데 『자연학』 제8권[6]에서 증명하듯이 물질적인 움직임 가운데 더 완전한 첫째 움직임은 장소적인 움직임이다. 그래서 가지적인 작용들도 이를 비유로 들어 서술하게 된다.[7] 여기에는 세 가지가 있는데, 어떤 움직임은 원형으로서 하나의 중심 둘레로 같은 형태로 움직이고, 어떤 움직임은 직선형으로서 한 곳에서 다른 곳으로 나아가며, 어떤 움직임은 나선형으로서 그 둘이 결합된 듯한 모양이 된다. 그래서 가지적인 작용 가운데 단적으로 획일성을 지닌 것은 원형의 움직임으로 여겨지고, 어떤 것에서 다른 것으로 나아가는 가지적 작용은 직선형의 움직임이라고 여겨지며, 동일한 형태를 지니면서 다른 어떤 것을 향하여 나아가는 것은 나선형의 움직임이라고 여겨진다.

[해답] 1. 외적인 물질적 움직임들은 외적인 일을 멈추는 관상의 휴식에 대비된다. 그러나 가지적인 것들의 작용에서 일어나는 움직임은 오히려 관상의 휴식에 속한다.

2. 인간은 지성에 있어 천사들과 종류상으로는 공통되지만, 천사의

---

5. C.7: 431a4-7; S. Th. lect.12, n.766.
6. C.7: 260a26-b7; S. Th. lect.14, n.3. Cf. I, q.18, a.1, 2 a; q.67, a.2, ad3; q.78, a.3; q.110, a.3; etc.
7. Cf. I-II, q.7, a.1; Sup., q.93, a.2.

quam in homine. Et ideo alio modo oportet hos motus in animabus et in angelis assignare, secundum quod diversimode se habent ad uniformitatem. Intellectus enim angeli habet cognitionem uniformem secundum duo: primo quidem, quia non acquirit intelligibilem veritatem ex varietate rerum compositarum[8]; secundo, quia non intelligit veritatem intelligibilem discursive, sed simplici intuitu.[9] Intellectus vero animae a sensibilibus rebus accipit intelligibilem veritatem[10]; et cum quodam discursu rationis eam intelligit.[11]

Et ideo Dionysius motum circularem in angelis assignat inquantum uniformiter et indesinenter, absque principio et fine, intuentur Deum: sicut motus circularis, carens principio et fine, uniformiter est circa idem centrum. —In anima vero, antequam ad istam uniformitatem perveniatur, exigitur quod duplex eius difformitas amoveatur. Primo quidem, illa quae est ex diversitate exteriorum rerum: prout scilicet relinquit exteriora. Et hoc est quod primo ponit in motu circulari animae *introitum ipsius ab exterioribus ad seipsam.* —Secundo autem oportet quod removeatur secunda difformitas, quae est per discursum rationis. Et hoc idem contingit secundum quod omnes operationes animae reducuntur ad simplicem contemplationem intelligibilis veritatis. Et hoc est quod secundo dicit, quod necessaria est *uniformis convolutio intellectualium virtutum ipsius:* ut scilicet, cessante discursu, figatur eius intuitus in contemplatione unius simplicis veritatis. Et in hac operatione animae non est error: sicut patet quod circa intellectum primorum principiorum non erratur,[12] quae

지성적 능력은 인간의 경우보다 훨씬 높다. 따라서 위에서 언급한 움직임들은 영혼과 천사가 같은 형태에 대해 상이한 관계에 있음을 고려하여 서로 다른 방식으로 적용되어야 한다. 천사는 두 가지 근거에서 단일한 형태의 인식을 갖고 있다. 첫째로는 합성된 사물의 다양성으로부터 가지적 진리를 알게 되는 것이 아니고,[8] 둘째로는 추론을 통해서가 아니라 단순한 직관으로 가지적 진리를 깨닫기 때문이다.[9] 이와 달리 영혼의 지성은 감각적 사물들로부터 가지적 진리를 파악하고,[10] 이성의 추론을 통하여 그것을 깨닫는다.[11]

그러므로 디오니시우스는 천사들이 시작도 끝도 없이 계속해서 단일한 형태로 하느님을 직관한다는 점에서 천사들에게 원형의 움직임이 있다고 본다. 원형의 움직임은 시작도 끝도 없이, 하나의 중심을 같은 형태로 돌기 때문이다. ─그러나 영혼의 경우, 이와 같은 단일성에 이르기 전에 먼저 두 가지 불일치가 제거되어야 한다. 첫째는 외적 사물들의 다양성으로 인한 것으로서, 그래서 그 외적 사물들을 버려야 한다. 그리고 이것이 영혼의 경우에 원형의 움직임에서 먼저 "영혼이 외적인 것들로부터 자신 안으로 들어감"을 언급한다. ─둘째로 두 번째 불일치, 곧 이성의 추론으로 인한 불일치가 제거되어야 한다. 이는 영혼의 모든 작용을 가지적 진리들에 대한 단순한 관상으로 환원시킴으로써 이루어진다. 이것이 그가 "자신의 지성적 능력을 하나로 집중시킴"이 필요하다고 말하는 것이다. 이로써 추론을 멈추고 유일하고

---

8. Cf. I, q.55, a.2.
9. Cf. I, q.58, a.3.
10. Cf. I, q.84, a.6.
11. Cf. I, q.79, a.8.

simplici intuitu cognoscimus. —Et tunc, istis duobus praemissis, tertio ponitur uniformitas conformis angelis, secundum quod, praetermissis omnibus, in sola Dei contemplatione persistit. Et hoc est quod dicit: *Deinde, sicut uniformis facta, unite,* idest conformiter, *unitis virtutibus, ad pulchrum et bonum manuducitur.*

Motus autem rectus in angelis accipi non potest secundum hoc quod in considerando procedat ab uno in aliud: sed solum secundum ordinem suae providentiae, secundum scilicet quod angelus superior inferiores illuminat per medios.[13] Et hoc est quod dicit, quod *in directum* moventur angeli *quando procedunt ad subiectorum providentiam, recta omnia transeuntes,* idest, secundum ea quae secundum rectum ordinem disponuntur. —Sed rectum motum ponit in anima secundum hoc quod ab exterioribus sensibilibus procedit ad intelligibilium cognitionem.

Obliquum autem motum ponit in angelo, compositum ex recto et circulari, inquantum secundum contemplationem Dei inferioribus provident. —In anima autem ponit motum obliquum, similiter ex recto et circulari compositum, prout illuminationibus divinis ratiocinando utitur.

AD TERTIUM dicendum quod illae diversitates motuum quae accipiuntur secundum differentiam eius quod est sursum et deorsum, dextrorsum et sinistrorsum, ante et retro, et secundum diversos circuitus, omnes continentur sub motu recto vel obliquo. Nam per omnes designatur discursus rationis. Qui quidem si sit a genere ad

단순한 진리의 관상에 시선을 고정시키게 된다. 우리가 단순한 직관으로 인식하게 되는 제일원리들의 이해에서 오류가 없는 것과 마찬가지로,[12] 영혼의 이러한 작용에는 오류가 없다. ─이 두 가지가 전제되면, 셋째로는 천사들과 같은 단일성을 말하게 되는데 그것은 다른 모든 것을 벗어나 오직 하느님만을 관상하는 것이다. "단일한 하나의 형태로" 일치하여 "능력들이 하나로 모아지고 아름다움과 선을 관상하도록 인도되는 것"이다.

한편 천사의 직선형 움직임은 고찰에 있어 어떤 것에서 다른 것으로 나아가는 것으로 생각할 수 없고, 다만 돌봄에 있어 상위의 천사가 중간의 천사를 통하여 하위의 천사를 비추는 질서로 이해된다.[13] 이를 가리켜 "천사들은 자신보다 하위에 있는 이들을 돌볼 때 직선으로 모든 이들을 통과하여 그들을 돌본다."고 말한다. 직선적인 순서로 배치된 대로 그들을 돌보는 것이다. ─반면 영혼 안에서 직선적인 움직임은, 외부의 감각적인 대상들로부터 가지적인 인식으로 나아가는 것이다.

천사에게서 나선형의 움직임은 직선형과 원형이 합성된 것으로, 하느님을 관상하면서 자신보다 하위에 있는 이들을 돌보는 것이다. ─영혼에 있어 나선형의 움직임은 이와 마찬가지로 직선형과 원형이 합성된 것으로, 신적 조명을 사용하면서 추론하는 것을 가리킨다.

3. 위와 아래, 오른쪽과 왼쪽, 앞과 뒤라는 차이에 따른 이 상이한 움직임들은 모두 직선형 또는 나선형 움직임에 포함된다. 이들은 모두 이성의 추론을 나타내는 것이기 때문이다. 이성이 유(類)에서 종으로,

---

12. Cf. I, q.79, a.12, ad3.
13. Cf. I, q.106, a.1.

speciem, vel a toto ad partem, erit, ut ipse exponit,[14] secundum sursum et deorsum. Si vero sit ab uno oppositorum in aliud, erit secundum dextrorsum et sinistrorsum. Si vero sit a causis in effectus, erit ante et retro. Si vero sit secundum accidentia quae circumstant rem, propinqua vel remota, erit circuitus. Discursus autem rationis, quando est a sensibilibus ad intelligibilia secundum ordinem naturalis rationis, pertinet ad motum rectum; quando autem est secundum illuminationes divinas, pertinet ad motum obliquum; ut ex dictis[15] patet. —Sola autem immobilitas quam ponit, pertinet ad motum circularem.

Unde patet quod Dionysius multo sufficientius et subtilius motus contemplationis describit.

## Articulus 7
### Utrum contemplatio delectationem habeat

Ad septimum sic proceditur. Videtur quod contemplatio delectationem non habeat.

1. Delectatio enim ad vim appetitivam pertinet. Sed contemplatio principaliter consistit in intellectu. Ergo videtur quod delectatio non pertineat ad contemplationem.

---

14. Loc. cit. in arg.

또는 전체에서 부분으로 옮겨가며 설명한다면,[14] 위에서 아래로 내려가는 것이다. 어떤 것에서 그에 대립되는 것으로 간다면, 오른쪽에서 왼쪽으로 가는 것이다. 원인에서 결과로 간다면, 앞에서 뒤로 가는 것이다. 어떤 사물에 가까이 또는 멀리 있는 우유들을 다룬다면, 움직임은 원형이 될 것이다. 이성의 추론이 자연적 이성의 순서에 따라 감각적인 것에서 가지적인 것으로 간다면 그것은 직선형의 움직임에 속하고, 신적 조명에 따른다면 앞서 말한 바와 같이[15] 나선형의 움직임에 속한다. ―오직 그가 움직이지 않는 것으로 묘사하는 것만 원형의 움직임에 속한다.

그러므로 디오니시우스는 관상의 움직임들을 매우 충분하고 치밀하게 서술한 것임이 분명하다.

## 제7절 관상에 쾌락이 있는가

**Parall.**: I-II, q.3, a.5; q.38, a.4; *In De hebd.*, Prolog.; *In Ethic.*, X, lect.10-11.

[반론] 일곱째에 대해서는 다음과 같이 진행된다. 관상에는 쾌락이 없는 것으로 생각된다.

1. 쾌락은 욕구 능력에 속한다. 그런데 관상은 주로 지성에서 이루어진다. 그러므로 쾌락은 관상과 무관한 것으로 생각된다.

---

15. 제2답.

2. Praeterea, omnis contentio et omne certamen impedit delectationem. Sed in contemplatione est contentio et certamen: dicit enim Gregorius, *super Ezech.*,[1] quod *anima, cum contemplari Deum nititur, velut in quodam certamine posita, modo quasi exsuperat, quia intelligendo et sentiendo, de incircumscripto lumine aliquid degustat: modo succumbit, quia degustando iterum deficit.* Ergo vita contemplativa non habet delectationem.

3. Praeterea, delectatio sequitur operationem perfectam, ut dicitur in X *Ethic.*,[2] Sed contemplatio viae est imperfecta: secundum illud I *ad Cor.* 13, [12]: *Videmus nunc per speculum in aenigmate.* Ergo videtur quod vita contemplativa delectationem non habeat.

4. Praeterea, laesio corporalis delectationem impedit. Sed contemplatio inducit laesionem corporalem: unde *Gen.* X32, [30 sqq.] dicitur quod Iacob, postquam dixerat, «*Vidi Dominum*[3] *facie ad faciem*», *claudicabat pede, eo quod tetigerit nervum femoris eius et obstupuerit.* Ergo videtur quod in vita contemplativa non sit delectatio.

SED CONTRA est quod de contemplatione sapientiae dicitur, *Sap.* 8, [16]: *Non habet amaritudinem conversatio illius, nec taedium convictus eius: sed laetitiam et gaudium.* Et Gregorius dicit, *super Ezech.*,[4] quod *contemplativa vita amabilis valde dulcedo est.*

---

1. Hom.14; al. l.II, hom.2, n.12: PL 76, 955BC.
2. C.4: 1174b19-26; S. Th. lect.6, nn.2025-2027.

2. 모든 싸움과 전투는 쾌락을 가로막는다. 그런데 관상에는 싸움과 전투가 있다. 그레고리우스는 『에제키엘서 강해』¹에서 이렇게 말한다. "영혼이 하느님을 관상하기 위해 노력할 때, 마치 전투를 하는 것과 같다. 때로는 깨닫고 느끼며 한없는 빛을 조금이나마 맛보아 승리하는 것과 같고, 때로는 맛보던 것이 다시 사라져 패배하는 것과 같다." 그러므로 관상 생활에는 쾌락이 없다.

3. 『니코마코스 윤리학』 제10권²에서 말하듯이 쾌락은 완전한 작용에 뒤따른다. 그러나 코린토 1서 13장 [12절]에서 "우리가 지금은 거울에 비친 모습처럼 어렴풋이 보지만"이라고 하는 바와 같이, 이 여정 중의 관상은 불완전하다. 그러므로 관상 생활에는 쾌락이 없는 것으로 생각된다.

4. 육신의 상해는 쾌락을 방해한다. 그런데 관상은 육신의 상해를 초래하고, 그래서 창세기 32장 [30절 이하]에서 야곱이 "내가 서로 얼굴을 맞대고 주님을³ 뵈었는데"라고 말한 다음 그는 다리를 "절뚝거렸다. 그분께서 야곱의 허벅지 힘줄이 있는 엉덩이뼈를 치셨기 때문이다." 그러므로 관상 생활에는 쾌락이 없는 것으로 생각된다.

[재반론] 지혜의 관상에 관하여 지혜서 8장 [16절]에서는 "그와 함께 지내는 데에 마음 쓰라릴 일이 없고 그와 같이 사는 데에 괴로울 일이 없으며 기쁨과 즐거움만 있다."라고 말하고, 그레고리우스는 『에제키엘서 강해』⁴에서 "관상 생활은 매우 사랑스럽고 감미롭다."라고 말한다.

---

3. 불가타: "Deum."
4. Loc. cit., n.13: PL 76, 956A.

RESPONDEO dicendum quod aliqua contemplatio potest esse delectabilis dupliciter. Uno modo, ratione ipsius operationis: quia unicuique delectabilis est operatio sibi conveniens secundum propriam naturam vel habitum. Contemplatio autem veritatis competit homini secundum suam naturam, prout est animal rationale. Ex quo contingit quod *omnes homines ex natura scire desiderant*[5]: et per consequens in cognitione veritatis delectantur. Et adhuc magis fit hoc delectabile habenti habitum sapientiae et scientiae, ex quo accidit quod sine difficultate aliquis contemplatur.

Alio modo contemplatio redditur delectabilis ex parte obiecti, inquantum scilicet aliquis rem amatam contemplatur: sicut etiam accidit in visione corporali quod delectabilis redditur non solum ex eo quod ipsum videre est delectabile, sed ex eo etiam quod videt quis personam amatam. Quia ergo vita contemplativa praecipue consistit in contemplatione Dei, ad quam movet caritas, ut dictum est[6]; inde est quod in vita contemplativa non solum est delectatio ratione ipsius contemplationis, sed ratione ipsius divini amoris.

Et quantum ad utrumque eius delectatio omnem delectationem humanam excedit. Nam et delectatio spiritualis potior est quam carnalis, ut supra[7] habitum est, cum de passionibus ageretur: et ipse amor quo ex caritate Deus diligitur, omnem amorem excedit. Unde et in Psalmo [Ps. 33, 9] dicitur: *Gustate, et videte quoniam suavis est Dominus.*

[답변] 관상은 두 가지 방식으로 유쾌할 수 있다. 첫째는 작용 자체에 기인하는데, 자신의 고유한 본성이나 습성에 적합한 작용은 누구에게나 유쾌하기 때문이다. 진리에 대한 관상은 이성적 동물인 인간의 본성에 부합한다. 그래서 "모든 인간은 본성상 알기를 갈망한다."[5] 따라서 진리를 인식하는 것은 즐겁다. 지혜나 지식의 습성을 가진 사람에게는 더욱 그러하다. 그는 그 습성으로써 어려움 없이 관상할 수 있기 때문이다.

둘째로 관상은 그 대상 편에서 유쾌할 수 있다. 어떤 사람이 사랑하는 사물을 관상할 때, 예를 들어 육체적 바라봄에서도 바라본다는 것 자체가 유쾌할 뿐 아니라 사랑하는 사람을 바라본다는 것 때문에도 유쾌할 수 있는 것과 마찬가지다. 관상 생활은 특히 하느님을 관상하는 것이고 앞서 말한 바와 같이[6] 참사랑이 그러한 관상을 하게 하는 것이므로, 관상 생활은 관상 자체 때문만이 아니라 하느님에 대한 사랑 때문에도 유쾌하다.

그러므로 두 측면 모두에서 관상의 쾌락은 인간적인 모든 쾌락을 능가한다. 위에서 정념들을 다룰 때 말한 바와 같이[7] 영적 쾌락은 육적 쾌락보다 더 크고, 참사랑에서 하느님을 사랑하는 그 사랑은 다른 모든 사랑을 능가하기 때문이다. 그래서 시편 34[33]편 [9절]에서는 "너희는 맛보고 눈여겨보아라, 주님께서 얼마나 좋으신지!"라고 말한다.

---

5. Aristoteles, *Met.*, I, c.5: 980a21-27; S. Th. lect.1, nn.1-4.
6. A.1; a.2, ad1.
7. I-II, q.31, a.5.

q.180, a.7

AD PRIMUM ergo dicendum quod vita contemplativa, licet essentialiter consistat in intellectu, principium tamen habet in affectu: inquantum videlicet aliquis ex caritate ad Dei contemplationem incitatur. Et quia finis respondet principio inde est quod etiam terminus et finis contemplativae vitae habetur in affectu: dum scilicet aliquis in visione rei amatae delectatur, et ipsa delectatio rei visae amplius excitat amorem. Unde Gregorius dicit, *super Ezech.*,[8] quod *cum quis ipsum quem amat viderit, in amorem ipsius amplius ignescit.* Et haec est ultima perfectio[9] contemplativae vitae: ut scilicet non solum divina veritas videatur, sed etiam ut ametur.

AD SECUNDUM dicendum quod contentio vel certamen quod provenit ex contrarietate exterioris rei, impedit illius rei delectationem: non enim aliquis delectatur in re contra quam pugnat. Sed in re pro qua quis pugnat, cum eam homo adeptus fuerit, ceteris paribus, magis in ea delectatur: sicut Augustinus dicit, in VIII *Confess.*,[10] quod *quanto fuit maius periculum in praelio, tanto maius est gaudium in triumpho.* Non est autem in contemplatione contentio et certamen ex contrarietate veritatis quam contemplamur: sed ex defectu nostri intellectus, et ex corruptibili corpore, quod nos ad inferiora retrahit, secundum illud *Sap.* 9, [15]: *Corpus, quod corrumpitur, aggravat animam: et deprimit terrena inhabitatio sensum multa cogitantem,*[11] Et

---

8. Loc. cit., n.9: PL 76, 954A.
9. "여기서 최종적 완성이라고 말하는 것은, 외부적인 완성에 대한 것으로 이해해야 한다." 카예

[해답] 1. 관상 생활은 본질적으로 지성 안에서 이루어지지만, 그 시작은 감정에 있다. 하느님을 향한 참사랑에서 관상을 시작하기 때문이다. 그리고 목적은 시작에 상응하므로, 관상 생활의 끝과 목적 역시 감정 안에 있다. 자신이 사랑하는 사물을 보는 것을 즐기고, 본 사물에 대한 쾌락이 더 큰 사랑을 불러일으킨다. 그래서 그레고리우스는 『에제키엘서 강해』[8]에서 "사랑하는 사람을 볼 때, 그에 대한 사랑이 더욱 타오른다."라고 말한다. 관상 생활의 최종적 완성은[9] 신적 진리를 보는 것만이 아니라 그것을 사랑하는 데에 있다.

2. 외부 사물과 대립하는 데서 일어나는 싸움이나 전투는 그 사물에 대한 쾌락을 방해한다. 자신이 맞서 싸우는 사물을 즐기지는 않는 것이다. 그러나 어떤 사물을 위해 싸울 때는, 다른 조건이 같다면 그것을 얻었을 때 더욱 그것에 대해 즐거워하게 된다. 그래서 아우구스티누스는 『고백록』 제8권[10]에서 "투쟁에서 위험이 컸을 때, 승리의 기쁨은 더 크다."라고 말한다. 그런데 관상에서의 싸움과 전투는 우리가 관상하는 진리에 맞서는 것이 아니라 우리 지성의 결함과 우리를 아래로 끌어내리는 썩어 없어질 육신에서 나오는 것이다. 지혜서 9장 [15절]에서 말하듯이 "썩어 없어질 육신이 영혼을 무겁게 하고 흙으로 된 이 천막이 시름겨운 정신을 짓누른다."[11] 그러므로 인간이 진리의 관상에 이르게 되면 그것을 더 열렬히 사랑하고 썩어 없어질 육신의 무게와 결함을 더 싫어하게 된다. 그래서 사도는 "나는 과연 비참한 인간입니

---

타누스, in h. a., n.II.
10. C.3, n.7: PL 32, 752.
11. 불가타: "…et terrena inhabitatio deprimit sensum ulta cogitantem."

inde est quod quando homo pertingit ad contemplationem veritatis, ardentius eam amat: sed magis odit proprium defectum a gravitate corruptibilis corporis, ut dicat cum Apostolo[12]: *Infelix ego homo! Quis me liberabit de corpore mortis huius?* Unde et Gregorius dicit, *super Ezech.*[13]: *Cum Deus iam per desiderium et intellectum cognoscitur, omnem voluptatem carnis arefacit.*

AD TERTIUM dicendum quod contemplatio Dei in hac vita imperfecta est respectu contemplationis patriae: et similiter delectatio contemplationis viae est imperfecta respectu delectationis contemplationis patriae, de qua dicitur in Psalmo [Ps. 35, 9]: *De torrente voluptatis tuae potabis eos.* Sed contemplatio divinorum quae habetur in via, etsi sit imperfecta, est tamen delectabilior omni alia contemplatione quantumcumque perfecta, propter excellentiam rei contemplatae. Unde Philosophus dicit, in I *de Partibus Animal.*[14]: *Accidit circa illas honorabiles existentes et divinas substantias minores nobis existere theorias: Sed etsi secundum modicum attingamus eas, tamen, propter honorabilitatem cognoscendi, delectabilius aliquid habent quam quae apud nos omnia.* Et hoc est etiam quod Gregorius dicit, *super Ezech.*[15]: *Contemplativa vita amabilis valde dulcedo est, quae super semetipsam animam rapit, caelestia aperit, spiritualia mentis oculis patefacit.*

AD QUARTUM dicendum quod Iacob post contemplationem uno pede claudicabat, quia *necesse est ut, debilitato amore saeculi, con-*

---

12. 로마 7,24.

다. 누가 이 죽음에 빠진 몸에서 나를 구해 줄 수 있습니까?"¹²라고 말하고, 그레고리우스는 『에제키엘서 강해』¹³에서 "갈망과 이해로써 하느님을 알게 될 때, 하느님은 육신의 모든 관능적 쾌락을 시들게 하신다."라고 말한다.

3. 현세의 삶에서 이루어지는 하느님에 대한 관상은, 본향에서 있을 관상에 비하면 불완전하다. 이와 마찬가지로 여정 중에서 관상의 쾌락은 본향에서 관상의 쾌락에 비하면 불완전하다. 그 쾌락에 대하여 시편 36[35]편 [9절]에서는 "당신께서는 그들에게 당신 기쁨의 강물을 마시게 하십니다."라고 말한다. 그러나 신적인 것들에 대한 관상은 비록 불완전하다 하더라도 관상하는 대상의 탁월성 때문에 다른 모든 관상보다 유쾌하다. 그래서 철학자는 『동물 부분론』 제1권¹⁴에서 이렇게 말한다. "우리는 고귀하고 신적인 실체들에 대해서 부족한 개념을 갖게 될 수 있다. 그러나 우리가 그것을 조금밖에 알지 못한다 하더라도, 그것은 그 인식 대상의 고귀함 때문에 우리 주변의 다른 모든 것들보다 더 큰 쾌락을 준다." 그레고리우스 역시 『에제키엘서 강해』¹⁵에서 이렇게 말한다. "관상 생활은 지극히 사랑스러운 감미로움으로, 영혼이 자기 자신을 벗어나게 하고 천상의 것들을 열어주며 정신의 눈에 영적인 것들을 보여준다."

4. 야곱이 관상한 다음 한쪽 다리를 절었던 것은, 그레고리우스가 『에제키엘서 강해』¹⁶에서 설명하듯이 "세상에 대한 사랑에서 약해진 다음 하느님에 대한 사랑에서 강해져야 하기 때문이다. 그래서 하느

---

13. Loc. cit., n.13: PL 76, 955C.
14. C.5: 644b24-31.
15. Loc. cit., n.13: PL 76, 956A.
16. Ibid., n.13: PL 76, 955CD.

*valescat aliquis ad amorem Dei,* ut Gregorius dicit, *super Ezech.*[16]: *et ideo, post agnitionem suavitatis Dei, unus in nobis sanus pes remanet, atque alius claudicat. Omnis enim qui uno pede claudicat, solum illi pedi innititur quem sanum habet.*

## Articulus 8
## Utrum vita contemplativa sit diuturna

Ad octavum sic proceditur. Videtur quod vita contemplativa non sit diuturna.

1. Vita enim contemplativa essentialiter consistit in his quae ad intellectum pertinent. Sed omnes intellectivae perfectiones huius vitae evacuantur: secundum illud I *ad Cor.* 13, [8]: *Sive prophetiae evacuabuntur, sive linguae cessabunt, sive scientia destruetur.* Ergo vita contemplativa evacuatur.

2. Praeterea, dulcedinem contemplationis aliquis homo raptim et pertranseunter degustat. Unde Augustinus dicit, in X *Confess.*[1]: *Intromittis me in affectum multum inusitatum introrsus ad nescio quam dulcedinem, sed redeo in haec aerumnosis ponderibus.* Gregorius etiam dicit, in V *Moral.*,[2] exponens illud *Iob* 4, [15], *Cum spiritus me praesente transiret: In suavitate,* inquit, *contemplationis intimae non diu*

---

1. C.40: PL 32, 807.

님의 선하심을 맛본 후 우리는 한쪽 다리는 온전하고 다른 쪽 다리는 절게 된다. 한쪽 다리를 저는 사람은 오직 온전한 다리에만 의지하게 된다."

## 제8절 관상 생활은 지속되는가

Parall.: *In Sent.*, III, d.35, q.1, a.4, qc.3; *ScG*, III, 63; *In Ethic.*, X, lect.10.

[반론] 여덟째에 대해서는 다음과 같이 진행된다. 관상 생활은 지속되지 않는 것으로 생각된다.

1. 관상 생활은 본질적으로 지성에 속하는 것들에 관련된다. 그런데 현세의 삶의 지성적 완전성들은 모두 사라지게 될 것이다. 코린토 1서 13장 [8절]에서는 "예언도 없어지고 [신령한] 언어도 그치고 지식도 없어집니다."라고 말한다. 그러므로 관상 생활은 사라질 것이다.

2. 인간은 잠시 스치듯이 관상의 감미로움을 맛본다. 그래서 아우구스티누스는 『고백록』 제10권[1]에서 "당신께서는 제가 아주 뜻밖의 감정을 느끼게 하시고, 알지 못하는 어떤 감미로움을 맛보게 하십니다. 그러나 저는 다시 괴로운 짓눌림 속으로 돌아옵니다."라고 말한다. 또한 그레고리우스는 『욥기의 도덕적 해설』 제5권[2]에서 욥기 4장 [15절]의 "어떤 영이 내 앞을 스치자"라는 구절을 설명하면서 "정신은 내밀한 관상의 감미로움 안에 오래 머물러 있지 않는다. 이 엄청난 빛 자체

---

2. C.33, in vet.23, n.58: PL 75, 711C.

*mens figitur: quia ad semetipsam, ipsa immensitate luminis reverberata, revocatur.* Ergo vita contemplativa non est diuturna.

3. Praeterea, illud quod non est homini connaturale, non potest esse diuturnum. Vita autem contemplativa est *melior quam secundum hominem:* ut Philosophus dicit, in X *Ethic.*.[3] Ergo videtur quod vita contemplativa non sit diuturna.

SED CONTRA est quod Dominus dicit, Luc. 10, [42]: *Maria optimam partem elegit, quae non auferetur ab ea.* Quia, ut Gregorius dicit, *super Ezech.*,[4] *contemplativa hic incipitur, ut in caelesti patria perficiatur.*

RESPONDEO dicendum quod aliquid potest dici diuturnum dupliciter: uno modo, secundum suam naturam; alio modo, quoad nos. Secundum se quidem manifestum est quod vita contemplativa diuturna est, dupliciter. Uno modo, eo quod versatur circa incorruptibilia et immobilia. Alio modo, quia non habet contrarietatem: *delectationi enim quae est in considerando, nihil est contrarium,* ut dicitur in I *Topic.*.[5]

Sed quoad nos etiam vita contemplativa diuturna est. Tum quia competit nobis secundum actionem incorruptibilis partis animae, scilicet secundum intellectum: unde potest post hanc vitam durare.

---

3. C.7: 1177b26-31; S. Th. lect.11, n.2105.

에 튕겨 다시 자기 자신에게 되돌아가게 되기 때문이다."라고 말한다. 그러므로 관상 생활은 지속되지 않는다.

3. 인간의 본성에 부합하지 않는 것은 지속될 수 없다. 그런데 철학자가 『니코마코스 윤리학』 제10권[3]에서 말하듯이 "관상 생활은 인간에 해당하는 것을 넘어선다." 그러므로 관상 생활은 지속되지 않는 것으로 보인다.

[재반론] 주님은 루카복음서 10장 [42절]에서 "마리아는 좋은 몫을 선택하였다. 그리고 그것을 빼앗기지 않을 것이다."라고 말씀하셨다. 그레고리우스가 『에제키엘서 강해』[4]에서 말하듯이 "관상은 이 세상에서 시작되고, 천상 본향에서 완성된다."

[답변] 어떤 것이 지속된다고 일컬어질 수 있는 두 가지 방식이 있다. 첫째는 그 본성에 따라서 지속되는 것이고, 둘째는 우리에게 지속되는 것이다. 관상 생활이 그 자체로서 지속된다는 것은 두 가지로 명백하다. 첫째는 그 대상이 소멸되지 않고 변하지 않기 때문이다. 둘째는 그에 반대되는 것이 없기 때문이다. 『토피카』 제1권[5]에서 말하듯이 "고찰의 즐거움에는 반대되는 것이 없다."

그러나 우리에게 있어서도 관상 생활은 지속된다. 관상은 영혼에서 소멸되지 않는 부분인 지성의 작용에 따라 우리에게 속하는 것이어서 현세의 삶이 끝난 다음에도 지속될 수 있다. 또한 관상의 행위에서 우리는 육신으로 수고하는 것이 아니다. 따라서 철학자가 『니코마코스

---

4. Homil.14; al. l.II, hom.2, n.9: PL 76, 954A.
5. C.15: 106a38-b1.

Alio modo, quia in operibus contemplativae corporaliter non laboramus: unde magis in huiusmodi operibus continue persistere possumus, sicut Philosophus dicit, in X *Ethic*..[6]

AD PRIMUM ergo dicendum quod modus contemplandi non est idem hic et in patria; sed vita contemplativa dicitur manere ratione caritatis, in qua habet et principium et finem.[7] Et hoc est quod Gregorius dicit, *super Ezech*.[8]: *Contemplativa hic incipit, ut in caelesti patria perficiatur: quia amoris ignis, qui hic ardere inchoat, cum ipsum quem amat viderit, in amore ipsius amplius ignescit.*

AD SECUNDUM dicendum quod nulla actio potest diu durare in sui summo. Summum autem contemplationis est ut attingat ad uniformitatem divinae contemplationis, ut dicit Dionysius, sicut supra[9] positum est. Unde etsi quantum ad hoc contemplatio diu durare non possit, tamen quantum ad alios contemplationis actus potest diu durare.

AD TERTIUM dicendum quod Philosophus dicit vitam contemplativam esse supra hominem, quia competit nobis *secundum hoc quod aliquid divinum est in nobis,*[10] scilicet intellectus. Qui est incorruptibilis et impassibilis secundum se: et ideo actio eius potest esse diuturnior.

---

6. C.7: 1177a21-22; S. Th. lect.10, nn.2088-2089.
7. 앞 절 제1답 참조.

윤리학』 제10권⁶에서 말하듯이 이를 계속할 수 있다.

[해답] 1. 우리가 관상하는 방식은 이 세상과 본향에서 서로 같지 않다. 그러나 관상 생활은 지속되는데, 이는 관상의 시작이며 마침인 참사랑 때문이다.⁷ 그래서 그레고리우스는 『에제키엘서 강해』⁸에서 "관상 생활은 이 세상에서 시작되고, 천상 본향에서 완성된다. 이 세상에서 타오르기 시작하는 사랑의 불은, 사랑하는 분을 뵙게 될 때 그분에 대한 더 큰 사랑으로 불붙게 될 것이기 때문이다."라고 말한다.

2. 어떤 활동도 최고도로 계속 지속될 수 없다. 그런데 위에서 말한 바와 같이⁹ 디오니시우스에 따르면 관상의 절정은 동일한 형태로 하느님을 계속 관상하는 데에 이르는 것이다. 그러므로 관상이 이러한 상태로 지속될 수 없다 하더라도, 관상의 다른 행위들로서는 지속될 수 있다.

3. 철학자가 관상 생활이 인간적인 것을 넘어선다고 말하는 것은, 그것이 "우리 안에 있는 신적인 것"¹⁰ 곧 지성에 속하기 때문이다. 지성은 본성상 부패하지 않고 고통을 받을 수 없으므로, 지성의 행위는 더 지속될 수 있다.

---

8. Loc. cit. in arg. sed c.
9. A.6, ad2. Cf. *Cael. Hier.*, c.3: PG 3, 165A.
10. Cf. loc. cit. in arg.

# QUAESTIO CLXXXI
# DE VITA ACTIVA
*in quatuor articulos divisa*

Deinde considerandum est de vita activa.[1]

Et circa hoc quaeruntur quatuor.

*Primo:* utrum omnia opera virtutum moralium pertineant ad vitam activam.

*Secundo:* utrum prudentia pertineat ad vitam activam.

*Tertio:* utrum doctrina pertineat ad vitam activam.

*Quarto:* de diuturnitate vitae activae.

## Articulus 1
## Utrum omnes actus virtutum moralium pertineant ad vitam activam

Ad primum sic proceditur. Videtur quod non omnes actus virtutum moralium pertineant ad vitam activam.

1. Vita enim activa videtur consistere solum in his quae sunt ad alterum: dicit enim Gregorius, *super Ezech.*,[1] quod *activa vita est panem*

---

1. Cf. q.179, Introd.

# 제181문
# 활동 생활에 대하여
(전4절)

다음으로는 활동 생활에 대해 고찰해야 한다.[1] 이에 대해서는 네 가지 문제가 제기된다.
1. 윤리덕의 모든 행위는 활동 생활에 속하는가?
2. 현명은 활동 생활에 속하는가?
3. 가르침은 활동 생활에 속하는가?
4. 활동 생활의 지속성에 관하여.

## 제1절 윤리덕의 모든 행위는 활동 생활에 속하는가

Parall.: Supra, q.180, a.2; *In Sent.*, III, d.35, q.1, a.3, qc.1; *Contra doct. retrah.*, c.7, ad7; *In Ethic.*, X, lect.12.

[반론] 첫째에 대해서는 다음과 같이 진행된다. 윤리덕의 모든 행위가 활동 생활에 속하지는 않는 것으로 생각된다.
1. 활동 생활은 오직 다른 사람들에 대한 관계에만 관련된 것으로 보인다. 그레고리우스는 『에제키엘서 강해』[1]에서 "활동 생활은 굶주린

---

1. Homil.14; al. l.II, hom.2, n.8: PL 76, 953A.

*esurienti tribuere:* et in fine, multis enumeratis quae ad alterum pertinent, subdit: *et quae singulis quibusque expediunt dispensare.* Sed non per omnes actus virtutum moralium ordinamur ad alios, sed solum secundum iustitiam et partes eius: ut ex supra[2] dictis patet. Non ergo actus omnium virtutum moralium pertinent ad vitam activam.

2. Praeterea, Gregorius dicit, *super Ezech.*,[3] quod per Liam, quae fuit lippa sed fecunda, significatur vita activa: quae, *dum occupatur in opere, minus videt; sed dum modo per verbum, modo per exemplum ad imitationem suam proximos accendit, multos in bono opere filios generat.* Hoc autem magis videtur pertinere ad caritatem, per quam diligimus proximum, quam ad virtutes morales. Ergo videtur quod actus virtutum moralium non pertineant ad vitam activam.

3. Praeterea, sicut supra[4] dictum est, virtutes morales disponunt ad vitam contemplativam. Sed dispositio et perfectio pertinent ad idem. Ergo videtur quod virtutes morales non pertineant ad vitam activam.

SED CONTRA est quod Isidorus dicit, in libro *de Summo Bono*[5]: *In activa vita prius per exercitium boni operis cuncta exhaurienda sunt vitia: ut in contemplativa iam pura mentis acie ad contemplandum Deum quisque pertranseat.* Sed cuncta vitia non exhauriuntur nisi per actus virtutum moralium. Ergo actus virtutum moralium ad vitam

---

2. Q.58, aa.2&8; I-II, q.60, aa.2-3.
3. Loc. cit., n.10: PL 76, 954C.

이들에게 빵을 주는 것"이라고 말하고, 다른 이들에 대한 여러 가지를 열거한 다음 마지막에 "각자에게 필요한 것을 베푸는 것"이라고 덧붙인다. 그런데 우리가 행하는 윤리덕의 모든 행위가 다른 이들을 위한 것은 아니며, 위에서 말한 바와 같이[2] 오직 정의와 정의에 연관된 덕들의 행위만이 그러하다. 그러므로 윤리덕의 모든 행위가 활동 생활에 속하는 것은 아니다.

2. 그레고리우스는 『에제키엘서 강해』[3]에서, 눈이 흐렸지만 자녀가 많았던 레아가 활동 생활을 나타낸다고 말한다. 활동 생활은 "일들에 바빠서 많은 것을 보지 못한다. 그러나 때로는 말로, 때로는 모범으로 이웃들에게 자신을 본받도록 촉구함으로써 선행을 하도록 많은 자녀를 낳는다." 이것은 윤리덕에 속하기보다 이웃을 사랑하는 참사랑에 속하는 것으로 보인다. 그러므로 윤리덕의 행위들은 활동 생활에 속하지 않는 것으로 생각된다.

3. 위에서 말한 바와 같이[4] 윤리덕들은 관상 생활을 준비시킨다. 그런데 준비된 상태와 완전성은 같은 것에 속한다. 그러므로 윤리덕들은 활동 생활에 속하지 않는 것으로 생각된다.

[재반론] 이시도루스는 『최고선』[5]에서 "먼저 활동 생활에서 선행의 실천으로 모든 악습을 근절해야 하고, 그다음에 관상 생활에서 깨끗한 정신의 눈으로 하느님을 관상하도록 나아가야 한다."라고 말한다. 그런데 악습을 모두 근절하는 것은 오직 윤리덕의 행위를 통해서 이루어

---

4. Q.180, a.2.
5. Al. Sentent., l.III, c.15, n.3; PL 83, 690A.

activam pertinent.

RESPONDEO dicendum quod, sicut supra[6] dictum est, vita activa et contemplativa distinguuntur secundum diversa studia hominum intendentium ad diversos fines, quorum unum est consideratio veritatis, quae est finis vitae contemplativae, aliud autem est exterior operatio, ad quam ordinatur vita activa. Manifestum est autem quod in virtutibus moralibus non principaliter quaeritur contemplatio veritatis, sed ordinantur ad operandum: unde Philosophus dicit, in II *Ethic.*,[7] quod *ad virtutem scire quidem parum aut nihil potest*. Unde manifestum est quod virtutes morales pertinent essentialiter ad vitam activam. Unde et Philosophus, in X *Ethic.*,[8] virtutes morales ordinat ad felicitatem activam.

AD PRIMUM ergo dicendum quod inter virtutes morales praecipua est iustitia, qua aliquis ad alterum ordinatur: ut Philosophus probat, in V *Ethic.*.[9] Unde vita activa describitur per ea quae ad alterum ordinantur, non quia in his solum, sed quia in his principalius consistit.

AD SECUNDUM dicendum quod per actus omnium virtutum moralium potest aliquis proximos suo exemplo dirigere ad bonum, quod Gregorius ibidem attribuit vitae activae.

AD TERTIUM dicendum quod, sicut virtus quae ordinatur in finem alterius virtutis, transit quodammodo in speciem eius; ita

---

6. Q.179, a.1.

진다. 그러므로 윤리덕의 행위들은 활동 생활에 속한다.

[답변] 위에서 말한 바와 같이[6] 활동 생활과 관상 생활은 서로 다른 목적을 위하여 사람들이 종사하는 서로 다른 일들에 따라 구별된다. 관상 생활의 목적은 진리에 대한 고찰이고, 활동 생활은 외적 작용을 지향한다. 그런데 윤리덕들은 주로 진리의 관상이 아니라 실천해야 할 것을 추구한다. 그래서 철학자는 『니코마코스 윤리학』 제2권[7]에서, "아는 것은 덕을 위해서 거의 또는 전혀 중요하지 않다."라고 말한다. 그러므로 윤리덕들은 본질적으로 활동 생활에 속한다는 점이 분명하다. 그래서 철학자도 『니코마코스 윤리학』 제10권[8]에서 윤리덕들을 활동적인 행복에 종속시킨다.

[해답] 1. 정의는 윤리덕들 가운데 가장 중요하며, 철학자가 『니코마코스 윤리학』 제5권[9]에서 증명하듯이 인간과 다른 인간의 관계를 질서 짓는다. 활동 생활이 다른 이들에 대한 관계를 질서 짓는 것으로 정의되는 것은, 이것이 활동 생활의 전부는 아니지만 가장 주요한 부분이기 때문이다.
2. 인간은 모든 윤리덕의 행위로 이웃이 선을 행하도록 모범을 보일 수 있다. 그레고리우스는 앞서 인용한 같은 곳에서 이것을 활동 생활에 귀속시킨다.

---

7. C.3: 1105b2-5; S. Th. lect.4, n.284.
8. C.8: 1178a9; S. Th. lect.12, n.2111.
9. C.3: 1129b27-29; S. Th. lect.2, n.906.

etiam quando aliquis utitur his quae sunt vitae activae solum prout disponunt ad contemplationem, comprehenduntur sub vita contemplativa. In his autem qui operibus virtutum moralium intendunt tanquam secundum se bonis, non autem tanquam disponentibus ad vitam contemplativam, virtutes morales pertinent ad vitam activam. —Quamvis etiam dici possit quod vita activa dispositio sit ad contemplativam.

## Articulus 2
## Utrum prudentia pertineat ad vitam activam

Ad secundum sic proceditur. Videtur quod prudentia non pertineat ad vitam activam.

1. Sicut enim vita contemplativa pertinet ad vim cognitivam, ita activa ad vim appetitivam. Prudentia autem non pertinet ad vim appetitivam, sed magis ad cognitivam. Ergo prudentia non pertinet ad vitam activam.

2. Praeterea, Gregorius dicit, *super Ezech.*,[1] quod *activa vita, dum occupatur in opere, minus videt:* unde significatur per Liam, quae lippos oculos habebat. Prudentia autem requirit claros oculos, ut recte iudicet homo de agendis. Ergo videtur quod prudentia non pertineat ad vitam activam.

3. Praeterea, prudentia media est inter virtutes morales et intel-

3. 다른 덕의 목적을 위한 덕은 말하자면 그 덕의 종으로 넘어가게 되고, 어떤 사람이 활동 생활에 속하는 것들을 오직 관상을 준비하기 위해서만 사용한다면 이들은 관상 생활에 포함되게 된다. 그러나 윤리 덕의 행위들을 관상 생활을 위한 준비가 아니라 그 자체로 선한 것으로서 지향하는 사람들에게서, 이 덕들은 활동 생활에 속한다. 그렇지만 활동 생활이 관상 생활을 위한 준비가 된다고도 말할 수 있다.

## 제2절 현명은 활동 생활에 속하는가

**Parall.**: *In Sent.*, III, d.35, q.1, a.3, qc.2; *In Ethic.*, X, lect.12.

[반론] 둘째에 대해서는 다음과 같이 진행된다. 현명은 활동 생활에 속하지 않는 것으로 생각된다.

1. 관상 생활이 인식 능력에 속하듯이, 활동 생활은 욕구 능력에 속한다. 그런데 현명은 욕구 능력에 속하지 않고 오히려 인식 능력에 속한다. 그러므로 현명은 활동 생활에 속하지 않는다.

2. 그레고리우스는 『에제키엘서 강해』[1]에서 "활동 생활은 여러 일들에 종사하느라고 많은 것을 보지 못하며" 그래서 눈이 흐렸던 레아가 활동 생활을 나타낸다고 말한다. 그런데 현명을 위해서는 무엇을 해야 할 것인지 올바로 판단할 수 있도록 밝은 눈이 요구된다. 그러므로 현명은 활동 생활에 속하지 않는 것으로 생각된다.

---

1. Hom.14; al. l.II, hom.2, n.10: PL 76, 954C.

lectuales. Sed sicut virtutes morales pertinent ad vitam activam, ut dictum est,[2] ita intellectuales ad contemplativam. Ergo videtur quod prudentia pertineat neque ad vitam activam neque ad contemplativam, sed ad medium vivendi genus quod Augustinus ponit, XIX *de Civ. Dei*.[3]

SED CONTRA est quod Philosophus, in X *Ethic.*,[4] prudentiam pertinere dicit ad felicitatem activam, ad quam pertinent virtutes morales.

RESPONDEO dicendum quod, sicut supra[5] dictum est, id quod ordinatur ad aliud sicut ad finem, praecipue in moralibus, trahitur in speciem eius ad quod ordinatur: sicut *ille qui moechatur ut furetur, magis dicitur fur quam moechus,* secundum Philosophum, in V *Ethic.*.[6] Manifestum est autem quod cognitio prudentiae ordinatur ad operationes virtutum moralium sicut ad finem: est enim *recta ratio agibilium,* ut dicitur in VI *Ethic.*.[7] Unde et fines virtutum moralium sunt *principia prudentiae:* sicut in eodem libro[8] Philosophus dicit. Sicut ergo dictum est[9] quod virtutes morales in eo qui ordinat eas ad quietem contemplationis, pertinent ad vitam contemplativam; ita cognitio prudentiae, quae de se ordinatur ad operationes virtutum

---

2. 앞 절.
3. Cc.2-3&19; PL 41, 624-626,647.
4. C.8: 1178a16-23; a9; S. Th. lect.12, nn.2114-2115,2111.

3. 현명은 윤리덕들과 지성적 덕들 중간에 자리한다. 그러나 앞서 말한 바와 같이[2] 윤리덕들은 활동 생활에 속하고, 지성적 덕들은 관상 생활에 속한다. 그러므로 현명은 활동 생활에도 속하지 않고 관상 생활에도 속하지 않으며, 아우구스티누스가 『신국론』 제19권[3]에서 언급하는 중간의 생활 방식에 속한다.

[재반론] 철학자는 『니코마코스 윤리학』 제10권[4]에서, 현명이 활동적인 행복에 속한다고 말한다. 윤리덕들은 여기에 연관된다.

[답변] 위에서 말한 바와 같이,[5] 특히 도덕적인 것들에 있어 어떤 것이 다른 것을 목적으로 할 때 그것은 목적으로서 지향하는 것의 종에 속하게 된다. 철학자는 『니코마코스 윤리학』 제10권[6]에서 "훔치기 위해서 간음을 하는 사람은, 간음하는 사람이라기보다 도둑이다."라고 말한다. 그런데 현명에서 인식은 윤리덕들의 작용을 목적으로 하는 것이 명백하다. 그것이 『니코마코스 윤리학』 제6권[7]에서 말하듯이 "행해야 할 것에 대한 올바른 이성"이기 때문이다. 그러므로 같은 책[8]에서 철학자가 말하듯이 윤리덕들의 목적은 "현명의 원리들"이다. 따라서 앞에서 말한 바와 같이[9] 관상의 휴식을 윤리덕들의 목적으로 삼는 사람 안에서 윤리덕들이 관상 생활에 속하듯이, 현명의 인식은 그 자체로서 윤리덕들의 행위를 목적으로 하는 것이기에 직접적으로 활동 생

---

5. A.1, ad3; I-II, q.18, a.6.
6. C.4: 1130a24-28; S. Th. lect.3, n.916.
7. C.5: 1140b20-21; S. Th. lect.4, nn.1170-1171.
8. C.8: 1178a17-23; S. Th. lect.12, n.2114.
9. A.1, ad3.

moralium, directe pertinet ad vitam activam. Si tamen prudentia proprie sumatur, secundum quod de ea philosophus loquitur. —Si autem sumatur communius, prout scilicet comprehendit qualemcumque humanam cognitionem, sic prudentia quantum ad aliquam sui partem pertineret ad vitam contemplativam: secundum quod Tullius dicit, in I *de Offic.*,[10] quod *qui acutissime et celerrime potest et videre verum et explicare rationem, is prudentissimus et sapientissimus rite haberi solet.*

AD PRIMUM ergo dicendum quod operationes morales specificantur ex fine, ut supra[11] habitum est. Et ideo ad vitam contemplativam illa cognitio pertinet quae finem habet in ipsa cognitione veritatis: cognitio autem prudentiae, quae magis habet finem in actu appetitivae virtutis, pertinet ad vitam activam.

AD SECUNDUM dicendum quod occupatio exterior facit hominem minus videre in rebus intelligibilibus, quae sunt separatae a sensibilibus, in quibus operationes activae vitae consistunt. Sed tamen occupatio exterior activae vitae facit hominem magis clare videre in iudicio agibilium, quod pertinet ad prudentiam. Tum propter experientiam. Tum propter mentis attentionem: quia, *ubi intenderis, ibi ingenium valet,* ut Sallustius dicit.[12]

AD TERTIUM dicendum quod prudentia dicitur esse media inter virtutes intellectuales et morales quantum ad hoc, quod in subiecto convenit cum virtutibus intellectualibus, in materia autem totaliter

활에 속한다. 현명을 고유한 의미로, 곧 철학자가 말하는 의미로 받아들인다면 이러하다.

그러나 만일 현명을 더 일반적인 의미로 받아들인다면, 곧 인간의 모든 인식을 포함하는 것으로 받아들인다면, 현명은 어떤 부분에서는 관상 생활에 속한다. 그러한 의미에서 키케로는 『직무론』 제1권[10]에서 "지극히 정확하고 빠르게 참된 것을 파악하고 근거를 설명할 수 있는 사람을 지극히 현명하고 지혜로운 사람이라고 여기는 것은 마땅한 일이다."라고 말한다.

[해답] 1. 위에서 말한 바와 같이[11] 도덕적 행위는 그 목적으로부터 종이 결정된다. 그러므로 진리의 인식 자체를 목적으로 하는 인식은 관상 생활에 속하고, 욕구 능력의 행위를 목적으로 하는 현명의 인식은 활동 생활에 속한다.

2. 외적인 일들에 종사하는 것은 인간이 활동 생활의 작용이 이루어지는 감각적 대상들과 떨어져 있는 가지적 사물들을 잘 볼 수 없게 한다. 그러나 활동 생활의 외적인 일들은 인간이 행해야 할 것들에 대해서 더 분명하게 볼 수 있게 해주는데, 이것은 현명에 속한다. 이것은 경험 때문이기도 하고, 정신이 주의를 기울이기 때문이기도 하다. 살루스티우스가 말하듯이 "관심을 기울이는 곳에서 재능이 발휘된다."[12]

3. 현명이 지성적 덕과 윤리덕의 중간이라고 일컬어지는 것은, 주체 측면에서는 지성적 덕들과 일치하고 대상 측면에서는 윤리덕들과 전

---

10. Cap.5: ed. C.F.W. Müller, Lipsiae 1890, p.7, ll.25-27.
11. I-II, q.18, aa.4&6.
12. *Bell. Catillin.*, c.51: ed. A. Eussner, Lipsiae 1912, p.29, 3.

convenit cum moralibus. Illud autem tertium genus vivendi medium est inter activam vitam et contemplativam quantum ad ea circa quae occupatur: quia quandoque occupatur in contemplatione veritatis, quandoque autem occupatur circa exteriora.

## Articulus 3
### Utrum docere sit actus vitae activae, an contemplativae

Ad tertium sic proceditur. Videtur quod docere non sit actus vitae activae, sed contemplativae.

1. Dicit enim Gregorius, *super Ezech.*,[1] quod *viri perfecti bona caelestia quae contemplari potuerunt, fratribus denuntiant, eorumque animos in amorem intimae claritatis accendunt.* Sed hoc pertinet ad doctrinam. Ergo docere est actus vitae contemplativae.

2. Praeterea, ad idem genus vitae videtur reduci actus et habitus. Sed docere est actus sapientiae: dicit enim Philosophus, in principio *Metaphys.*,[2] quod *signum scientis est posse docere.* Cum ergo sapientia vel scientia pertineat ad vitam contemplativam, videtur quod etiam doctrina ad vitam contemplativam pertineat.

---

1. I, hom.5, n.13: PL 76, 827A.

적으로 일치하기 때문이다. 그러나 이 세 번째 생활 방식이 활동 생활과 관상 생활의 중간이라는 것은 종사하는 일에 따른 것이다. 그 생활이 때로는 진리의 관상에, 때로는 외적인 일들에 종사하기 때문이다.

## 제3절 가르치는 것은 활동 생활의 행위인가, 관상 생활의 행위인가

**Parall.**: *In Sent.*, III, d.35, q.1, a.3, qc.1, ad3; *De veritate*, q.11, a.4; *Contra doct. retrah.*, c.7, ad7.

[반론] 셋째에 대해서는 다음과 같이 진행된다. 가르치는 것은 활동 생활의 행위가 아니라 관상 생활의 행위라고 생각된다.

1. 그레고리우스는 『에제키엘서 강해』[1]에서 "완전한 이들은 천상적 선을 관상할 수 있었고 그것을 형제들에게 전함으로써 그들이 내밀한 찬란함을 사랑하도록 그들의 정신에 불을 붙였다."라고 말한다. 그런데 이것은 가르침과 관련된다. 그러므로 가르침은 관상 생활의 행위이다.

2. 행위와 습성은 동일한 생활의 종류에 포함된다. 그런데 가르치는 것은 지혜의 행위이다. 철학자는 『형이상학』[2] 첫머리에서 "가르칠 수 있다는 것은 지식의 표지"라고 말한다. 그런데 지혜나 지식이 관상 생활에 속하므로, 가르침도 관상 생활에 속하는 것으로 생각된다.

---

2. I, c.1; 981b7-9; S. Th. lect.1, n.29.

3. Praeterea, sicut contemplatio est actus vitae contemplativae, ita et oratio. Sed oratio qua quis orat pro alio, nihilominus pertinet ad vitam contemplativam. Ergo quod aliquis veritatem meditatam in alterius notitiam per doctrinam deducat, videtur ad vitam contemplativam pertinere.

SED CONTRA est quod Gregorius dicit, *super Ezech.*[3]: *Activa vita est panem esurienti tribuere, verbo sapientiae nescientem docere.*

RESPONDEO dicendum quod actus doctrinae habet duplex obiectum: fit enim doctrina per locutionem; locutio autem est signum audibile interioris conceptus. Est igitur unum obiectum doctrinae id quod est materia sive obiectum interioris conceptionis. Et quantum ad hoc obiectum, quandoque doctrina pertinet ad vitam activam, quandoque ad contemplativam: ad activam quidem, quando homo interius concipit aliquam veritatem ut per eam in exteriori actione dirigatur; ad contemplativam autem, quando homo interius concipit aliquam veritatem intelligibilem in cuius consideratione et amore delectatur. Unde Augustinus dicit, in libro *de Verbis Dom.*[4]: *Eligant sibi partem meliorem,* scilicet vitae contemplativae; *vacent verbo, inhient doctrinae dulcedini, occupentur circa scientiam salutarem:* ubi manifeste dicit doctrinam ad vitam contemplativam pertinere.

Aliud vero obiectum doctrinae est ex parte sermonis audibilis. Et sic obiectum doctrinae est ipse audiens.[5] Et quantum ad hoc obiec-

3. 관상이 관상 생활의 행위이듯이 기도도 그러하다. 그런데 다른 이들을 위해서 하는 기도 역시 관상 생활에 속한다. 그러므로 가르침을 통해서 자신이 묵상한 진리를 다른 사람에게 알게 하는 것 역시 관상 생활에 속하는 것으로 생각된다.

[재반론] 그레고리우스는 『에제키엘서 강해』[3]에서 "활동 생활은 굶주린 이들에게 빵을 주는 것, 알지 못하는 사람에게 지혜의 말을 가르치는 것"이라고 말한다.

[답변] 가르치는 행위에는 두 가지 대상이 있다. 가르침은 말을 통해서 이루어지고, 말은 내적 개념의 들을 수 있는 표지이기 때문이다. 이에 따라 가르침의 첫째 대상은 내적 개념이라는 질료 내지 대상이다. 그리고 이 대상과 관련하여 가르침은 때로는 활동 생활에, 때로는 관상 생활에 속한다. 활동 생활에 속하는 것은 내적으로 어떤 진리를 생각하고 이로써 외적 활동으로 인도될 경우다. 관상 생활에 속하는 것은 내적으로 어떤 가지적 진리를 생각하면서, 그것을 고찰하고 사랑하기를 즐길 때이다. 그래서 아우구스티누스는 『주님의 말씀』[4]에서 "그들이 더 좋은 몫을", 곧 관상 생활을 "선택하도록 해야 한다. 말씀에 전념하고, 가르침의 감미로움을 갈망하고, 건전한 지식에 힘쓰도록 해야 한다."라고 말함으로써 가르침이 관상 생활에 속한다는 것을 분명히 밝힌다.

---

3. Hom.14; al. l.II,, hom. 2, n.8: PL 76, 953A.
4. Serm.104, al.27, c.1: PL 38, 616.

tum, omnis doctrina pertinet ad vitam activam, ad quam pertinent exteriores actiones.

AD PRIMUM ergo dicendum quod auctoritas illa expresse loquitur de doctrina quantum ad materiam, prout versatur circa considerationem et amorem veritatis.

AD SECUNDUM dicendum quod habitus et actus communicant in obiecto. Et ideo manifeste illa ratio procedit ex parte materiae interioris conceptus. In tantum enim ad sapientem vel scientem pertinet posse docere, in quantum potest interiorem conceptum verbis exprimere, ad hoc quod possit alium adducere ad intellectum veritatis.

AD TERTIUM dicendum quod ille qui orat pro alio, nihil agit erga illum pro quo orat, sed solum erga Deum, qui est intelligibilis veritas. Sed ille qui alium docet, aliquid circa eum agit exteriori actione. Unde non est similis ratio de utroque.

---

5. 어떤 대상에 대한 활동으로 질료 자체가 완전하게 되듯이, 변화시키는 가르침을 통해서 듣는 사람 자신이 완전하게 된다.

가르침의 두 번째 대상은 들리는 말에 있고, 그래서 듣는 사람이 가르침의 대상이 된다.[5] 이 대상과 관련해서 모든 가르침은 다른 모든 외적 활동과 마찬가지로 활동 생활에 속한다.

[해답] 1. 인용된 본문은 가르침의 질료에 관해 말하는데, 그것은 진리에 대한 고찰과 사랑에 관련된다.
2. 습성과 행위는 공통된 대상을 갖는다. 그러므로 이 논거는 명백하게 질료인 내적 개념 측면을 다루는 것이다. 지혜나 지식을 지닌 사람은 내적인 개념을 말로 표현할 수 있는 한에서 가르칠 수 있고, 이로써 진리를 깨닫도록 다른 이들을 이끌 수 있다.
3. 다른 사람을 위해서 기도하는 사람은 그 사람을 위해서 아무것도 하지 않으며 오직 가지적 진리인 하느님을 향해서 무엇을 한다. 반면 다른 이를 가르치는 사람은 그 사람에게 어떤 외적 활동을 한다. 그러므로 둘 사이의 비교는 성립되지 않는다.

## Articulus 4
## Utrum vita activa maneat post hanc vitam

Ad quartum sic proceditur. Videtur quod vita activa maneat post hanc vitam.

1. Ad vitam enim activam pertinent actus virtutum moralium, ut dictum est.[1] Sed virtutes morales permanent post hanc vitam: ut Augustinus dicit, XIV *de Trin.*.[2] Ergo vita activa permanet post hanc vitam.

2. Praeterea, docere alios pertinet ad vitam activam, ut dictum est.[3] Sed in futura vita, in qua *similes erimus angelis*,[4] poterit esse doctrina: sicut et in angelis esse videtur, quorum unus alium *illuminat, purgat et perficit*,[5] quod refertur ad *scientiae assumptionem*, ut patet per Dionysium, 7 cap. *Cael. Hier.*.[6] Ergo videtur quod vita activa remanet post hanc vitam.

3. Praeterea, illud quod de se est durabilius, magis videtur posse post hanc vitam remanere. Sed vita activa videtur esse de se durabilior: dicit enim Gregorius, *super Ezech.*,[7] quod *in vita activa fixi per-*

---

1. 제1절.
2. C.9: PL 42, 1046.
3. 제3절.
4. 마태 22,30.

## 제4절 현세의 삶이 끝난 다음 활동 생활은 남아 있을 것인가

**Parall.**: I-II, q.67, a.1, ad2; q.68, a.6, ad3; *In Sent.*, III, d.35, q.1, a.4, qc.3; *ScG*, III, 63; *De veritate*, q.11, a.4, ad1.

[반론] 넷째에 대해서는 다음과 같이 진행된다. 활동 생활은 현세의 삶이 끝난 다음에도 남아 있을 것으로 생각된다.

1. 앞서 말한 바와 같이[1] 윤리덕의 행위들은 활동 생활에 속한다. 그런데 아우구스티누스가 『신국론』 제14권[2]에서 말하듯이 윤리덕들은 현세의 삶이 끝난 다음에도 남아 있다. 그러므로 활동 생활은 현세의 삶이 끝난 다음에도 남아 있다.

2. 앞서 말한 바와 같이[3] 다른 이들을 가르치는 것은 활동 생활에 속한다. 그런데 우리가 "천사들처럼"[4] 될 내세의 삶에서는, 천사들에게서 그러하듯이 가르침이 있을 것이다. 디오니시우스가 『천상위계』 제7장[5]에서 말하듯이 천사들은 서로 "비추고 정화하고 완성"하는데, 이것은 "지식을 받아들임"을 뜻하는 것이다.[6] 그러므로 활동 생활은 현세의 삶이 끝난 다음에도 남아 있을 것으로 생각된다.

3. 그 자체로 더 오래 지속되는 것은 현세의 삶이 끝난 다음에도 더 쉽게 지속될 수 있으리라고 생각된다. 그런데 활동 생활은 그 자체로 더 지속되는 것으로 보인다. 그레고리우스는 『에제키엘서 강해』[7]에서

---

5. PG 3, 290C.
6. 디오니시우스, *Cael. Hier.*, cc.3&8: PG 3, 165BC, 240B.
7. L.I, hom.5, n.12: PL 76, 825D-826A.

*manere possumus, in contemplativa autem intenta mente manere nullo modo valemus.* Ergo multo magis vita activa potest manere post hanc vitam quam contemplativa.

SED CONTRA est quod Gregorius dicit, *super Ezech.*[8]: *Cum praesenti saeculo vita aufertur activa: contemplativa autem hic incipitur ut in caelesti patria perficiatur.*

RESPONDEO dicendum quod, sicut dictum est,[9] activa vita habet finem in exterioribus actibus: qui si referuntur ad quietem contemplationis, iam pertinent ad vitam contemplativam. In futura autem vita beatorum cessabit occupatio exteriorum actuum: et si qui actus exteriores sint, referentur ad finem contemplationis. Ut enim Augustinus dicit, in fine *de Civ. Dei,*[10] *ibi vacabimus et videbimus; videbimus et amabimus; amabimus et laudabimus.* Et in eodem libro praemittit[11] quod Deus ibi *sine fine videbitur, sine fastidio amabitur, sine fatigatione laudabitur. Hoc munus, hic affectus, hic actus erit omnibus.*

AD PRIMUM ergo dicendum quod, sicut supra[12] dictum est, virtutes morales manebunt non secundum actus quos habent circa

---

8. Hom.14; al. l.II, hom.2, n.9: PL 76, 954A.
9. 제1절.

"우리는 활동 생활에서는 고정적으로 머물러 있을 수 있지만, 관상 생활에서는 오래 정신을 집중할 수 없다."고 말한다. 그러므로 활동 생활은 관상 생활보다 훨씬 더 지속될 수 있는 것으로 생각된다.

[재반론] 그레고리우스는 『에제키엘서 강해』[8]에서 "활동 생활은 현세와 더불어 끝날 것이지만, 관상 생활은 이 세상에서 시작되고 천상 본향에서 완성된다."라고 말한다.

[답변] 앞서 말한 바와 같이[9] 활동 생활은 외적 행위를 목적으로 한다. 만일 이 외적 행위들이 관상의 휴식을 위한 것이라면, 이들은 관상 생활에 속한다. 그러나 복된 이들이 누릴 내세의 삶에서는 외적 행위에 종사하는 일이 끝날 것이다. 어떤 외적 행위가 있다면 그것은 관상의 목적을 위한 것이 될 것이다. 아우구스티누스가 『신국론』 끝부분[10]에서 말하듯이 "거기에서 우리는 쉬면서 바라볼 것이다. 바라보면서 사랑할 것이다. 사랑하면서 찬양할 것이다." 그리고 같은 책 앞부분[11]에서는 하느님을 "끝없이 뵙고, 질리지 않고 사랑하며, 지치지 않고 찬양할 것이다. 모든 이들에게 이러한 선물이, 이러한 감정이, 이러한 행위가 있을 것이다."라고 말한다.

[해답] 1. 앞서 말한 바와 같이[12] 윤리덕들은 수단에 관한 행위로는 남아 있지 않을 것이지만, 목적에 관한 행위로는 남아 있을 것이다. 그

---

10. XXII, c.30, n.5: PL 41, 804.
11. Ibid., n.1: PL 41, 802.
12. Q.186, a.1, ad1.

ea quae sunt ad finem, sed secundum actus quos habent circa finem. Huiusmodi autem actus sunt secundum quod constituunt quietem contemplationis. Quam Augustinus in praemissis[13] verbis significat per *vacationem:* quae est intelligenda non solum ab exterioribus tumultibus, sed etiam ab interiori perturbatione passionum.

AD SECUNDUM dicendum quod vita contemplativa, sicut supra[14] dictum est, praecipue consistit in contemplatione Dei. Et quantum ad hoc, unus angelus alium non docet: quia, ut dicitur Matth. 18, [10] de *angelis pusillorum,* qui sunt inferioris ordinis, quod *semper vident faciem Patris.* Et sic etiam in futura vita nullus hominum alium docebit de Deo, sed omnes *videbimus eum sicuti est,* ut habetur I Ioan. 3, [2]. Et hoc est quod dicitur Ierem. 31, [34]: *Non docebit ultra vir proximum suum, dicens, Cognosce Dominum: omnes enim cognoscent me, a minimo eorum usque ad maximum.*

Sed de his quae pertinent ad *dispensationem ministeriorum Dei,*[15] unus angelus docet alium, purgando, illuminando et perficiendo. Et secundum hoc, aliquid habent de vita activa quandiu mundus durat, ex hoc quod administrationi inferioris creaturae intendunt. Quod significatur per hoc quod Iacob vidit angelos in scala *ascendentes,* quod pertinet ad contemplationem, et *descendentes,*[16] quod pertinet ad actionem. Sed sicut dicit Gregorius, II *Moral.,*[17] *non sic a divina*

---

13. 본론.
14. Q.180, a.4.

러한 행위들은 관상의 휴식을 구성하는 행위들로서, 앞에 인용한 말에서[13] 아우구스티누스는 이를 쉼이라고 지칭한다. 이 쉼은 외적인 소란함이 없을 뿐만 아니라 내적으로도 정념들로 인한 혼란이 없음을 뜻하는 것으로 이해해야 한다.

2. 앞서 말한 바와 같이[14] 관상 생활은 주로 하느님을 관상하는 것이다. 그리고 이 점에서 천사가 다른 천사를 가르칠 수는 없다. 마태오복음서 18장 [10절]에서 작은 이들을 돌보는 천사들에 대해 말하는데, 그들은 가장 낮은 계층에 속하면서도 "아버지의 얼굴을 늘 보고 있다." 그러므로 내세에서는 어떤 사람도 다른 사람에게 하느님에 대해 가르칠 필요가 없을 것이며 요한 1서 3장 [2절]에서 말하듯이 우리 모두가 "그분을 있는 그대로 뵙게 될 것"이다. 예레미야서 31장 [34절]에서 말하는 것도 바로 이것이다. "아무도 자기 이웃에게 '주님을 알아라' 하고 가르치지 않을 것이다. 그들이 낮은 사람부터 높은 사람까지 모두 나를 알게 될 것이기 때문이다."

그러나 "하느님의 직무 분배"[15]에 속하는 것들에 대해서는 한 천사가 다른 천사를 "비추고 정화하고 완성"함으로써 서로를 가르친다. 이러한 점에서 그들은 세상이 지속되는 동안 어떤 활동 생활을 한다고 말할 수 있다. 그들이 하위의 피조물들을 관리하는 일을 하기 때문이다. 야곱이 천사들이 층계를 올라가는 모습을 본 것은 관상에 연관되고, 내려오는 모습을 본 것은 활동과 연관된다.[16] 그러나 그레고리우스는 『욥기의 도덕적 해설』 제2권[17]에서 "그들은 하느님을 뵙는 데서 벗

---

15. 1코린 4,1.
16. 창세 28,12.
17. C.3, al. 2, n.3: PL 75, 556C.

*visione foris exeunt ut internae contemplationis gaudiis priventur*. Et ideo in eis non distinguitur vita activa a contemplativa, sicut in nobis, qui per opera activa impedimur a contemplatione.

Non autem promittitur nobis similitudo angelorum quantum ad administrationem inferioris creaturae, quae nobis non competit secundum ordinem naturae nostrae, sicut competit angelis, sed secundum visionem Dei.

AD TERTIUM dicendum quod durabilitas vitae activae in statu praesenti excedens durabilitatem vitae contemplativae, non provenit ex proprietate utriusque vitae secundum se consideratae, sed ex defectu nostro, qui ex corporis gravitate retrahimur ab altitudine contemplationis. Unde ibidem[18] subdit Gregorius quod *ipsa sua infirmitate ab immensitate tantae celsitudinis repulsus animus in semetipso relabitur.*

---

18. Loc. cit. in arg.: PL 76, 826A.

어나지 않아, 내적인 관상의 기쁨을 잃지 않는다."고 말한다. 그러므로 우리에게는 활동의 일들이 관상을 방해하지만, 천사들에게는 그렇지 않고 활동 생활이 관상 생활에서 구별되지 않는다.

또한 우리가 천사들과 비슷하게 되리라는 약속은 하위의 피조물을 관리하기 때문이 아니다. 그것은 우리 본성의 질서에 부합하지 않는다. 우리는 하느님을 뵙는다는 점에서 천사들과 비슷하게 될 것이다.

3. 현재의 상태에서 활동 생활의 지속 가능성이 관상 생활의 지속 가능성을 능가하는 것은 그 자체로 보았을 때 그 생활들의 고유성 때문이 아니라, 육신의 무게 때문에 드높은 관상에 머물지 못하는 우리의 결함 때문이다. 그래서 같은 곳에서[18] 그레고리우스는 "정신은 그 자신의 나약함에 의하여 그렇게 한없는 드높음에서 밀려나 자기 자신 안으로 되돌아온다."라고 덧붙인다.

# QUAESTIO CLXXXII
# DE COMPARATIONE VITAE ACTIVAE AD CONTEMPLATIVAM
*in quatuor articulos divisa*

Deinde considerandum est de comparatione vitae activae ad contemplativam.[1]

Et circa hoc quaeruntur quatuor.

*Primo:* quae sit potior sive dignior.

*Secundo:* quae sit maioris meriti.

*Tertio:* utrum vita contemplativa impediatur per activam.

*Quarto:* de ordine utriusque.

## Articulus 1
### Utrum vita activa sit potior quam contemplativa

Ad primum sic proceditur. Videtur quod vita activa sit potior quam contemplativa.

1. *Quod* enim *est meliorum, videtur esse melius,* ut Philosophus dicit, in III *Topic.*.[1] Sed vita activa pertinet ad maiores, scilicet ad praela-

---

1. Cf. q.179, Introd.

# 제182문
# 활동 생활과 관상 생활의 비교에 대하여

(전4절)

다음으로는 활동 생활과 관상 생활을 비교해야 한다.[1] 이에 대해서는 네 가지 문제가 제기된다.

1. 어느 것이 더 중요하거나 고귀한가?
2. 어느 것이 더 공로가 큰가?
3. 관상 생활은 활동 생활로 방해를 받는가?
4. 둘 사이의 순서에 대하여.

## 제1절 활동 생활은 관상 생활보다 우월한가

Parall.: Supra, q.152, a.2; infra, q.188, a.6; *In Sent.*, III, d.35, q.1, a.4, qc.1; *ScG*, III, 63, 133; *De veritate*, q.1, a.12, ad24; *In Ethic.*, X, lect.10,11,12.

[반론] 첫째에 대해서는 다음과 같이 진행된다. 활동 생활은 관상 생활보다 우월한 것으로 생각된다.

1. 철학자가 『토피카』 제3권[1]에서 말하듯이, "더 나은 이들에게 속하는 것은 더 나은 것으로 생각된다." 그런데 활동 생활은 더 큰 이들에

---

1. C.1: 116b12-13.

tos, qui sunt in honore et potestate constituti: unde Augustinus dicit, XIX *de Civ. Dei*,[2] quod *in actione non amandus est honor in hac vita, sive potentia*. Ergo videtur quod vita activa sit potior quam contemplativa.

2. Praeterea, in omnibus habitibus et actibus praecipere pertinet ad potiorem: sicut militaris, tanquam potior, praecipit frenorum factrici.[3] Sed ad vitam activam pertinet disponere et praecipere de contemplativa: ut patet per id quod dicitur Moysi, *Exod.* 19, [21]: *Descende, et contestare populum, ne forte velit transcendere propositos*[4] *terminos ad videndum Deum*. Ergo vita activa est potior quam contemplativa.

3. Praeterea, nullus debet abstrahi a maiori ut applicetur minoribus: Apostolus enim dicit, I *ad Cor.* 12, [31]: *Aemulamini charismata meliora*. Sed aliqui abstrahuntur a statu vitae contemplativae et occupantur circa vitam activam: ut patet de illis qui transferuntur ad statum praelationis. Ergo videtur quod vita activa sit potior quam contemplativa.

SED CONTRA est quod Dominus dicit, Luc. 10, [42]: *Maria optimam partem elegit, quae non auferetur ab ea*. Per Mariam autem significatur vita contemplativa.[5] Ergo contemplativa vita potior est quam activa.

---

2. C.19: PL 41, 647.
3. Cf. Aristoteles, *Eth.*, I, c.1: 1094a9-14; S. Th. lect.1, n.16.

게, 곧 영예와 권력을 가지고 있는 고위 성직자들에게 속한다. 그래서 아우구스티누스는 『신국론』 제19권²에서 "활동에서 현세 생활의 영예나 권력을 사랑하지 말아야 한다."고 말한다. 그러므로 활동 생활은 관상 생활보다 우월한 것으로 생각된다.

2. 모든 습성과 행위에서, 지배하는 것은 우위에 있는 것에게 속한다. 예를 들어 더 중요한 것인 군사 기술은 재갈을 만드는 기술을 지배한다.³ 그런데 탈출기 19장 [21절]에서 모세에게 "내려가서 백성에게, 하느님을 뵈려고 정해진 경계를 넘지 않도록 하여라."⁴라고 말씀하시는 데서 알 수 있듯이, 활동 생활이 관상 생활을 준비하고 지배한다. 그러므로 활동 생활은 관상 생활보다 우월하다.

3. 아무도 더 작은 일들을 하기 위하여 더 큰 일을 잃지 말아야 한다. 사도는 코린토 1서 12장 [31절]에서 "여러분은 더 큰 은사를 열심히 구하십시오."라고 말한다. 그런데 고위 성직의 신분으로 옮겨지는 이들의 경우와 같이, 관상 생활의 신분을 잃고 활동 생활에 종사하게 되는 이들이 있다. 그러므로 활동 생활은 관상 생활보다 우월한 것으로 생각된다.

[재반론] 주님은 루카복음서 10장 [42절]에서 "마리아는 좋은 몫을 선택하였다. 그리고 그것을 빼앗기지 않을 것이다."라고 말씀하셨다. 그런데 마리아는 관상 생활을 나타낸다.⁵ 그러므로 관상 생활은 활동 생활보다 우월하다.

---

4. 불가타: propositos가 없다.
5. Cf. q.179, a.2, sc.

RESPONDEO dicendum quod nihil prohibet aliquid secundum se esse excellentius quod tamen secundum aliquid ab alio superatur. Dicendum est ergo quod vita contemplativa simpliciter melior est quam activa. Quod Philosophus, in X *Ethic.*,[6] probat octo rationibus. Quarum *prima* est, quia vita contemplativa convenit homini secundum illud quod est optimum in ipso, scilicet secundum intellectum, et respectu propriorum obiectorum, scilicet intelligibilium: vita autem activa occupatur circa exteriora. Unde Rachel, per quam significatur vita contemplativa, interpretatur *visum principium:* vita autem activa significatur per Liam, quae erat *lippis oculis*,[7] ut Gregorius dicit, VI *Moral.*.[8] —*Secundo,* quia vita contemplativa potest esse magis continua, licet non quantum ad summum contemplationis gradum: sicut supra[9] dictum est. Unde et Maria, per quam significatur vita contemplativa, describitur *secus pedes Domini* assidue *sedens.*[10] —*Tertio,* quia maior est delectatio vitae contemplativae quam activae. Unde Augustinus dicit, in libro *de Verbis Dom.*,[11] quod *Martha turbabatur, Maria epulabatur.* —*Quarto,* quia in vita contemplativa est homo magis sibi sufficiens: quia paucioribus ad eam indiget. Unde dicitur Luc. 10, [41]: *Martha, Martha, sollicita es et turbaris erga plurima.* —*Quinto,* quia vita contemplativa magis propter se diligitur: vita autem activa ad aliud ordinatur. Unde in Psalmo [Ps. 26, 4] dicitur: *Unam petii a Domino, hanc requiram: ut inhabitem in domo*

---

6. C.7: 1777a12-1178a9; S. Th. lect.10, nn.2080-2097; lect.11, nn.2098-2110.
7. C.37, al.18, in vet.28, n.61: PL 75, 764B.

[답변] 그 자체로서는 더 탁월한 것이 어떤 점에서는 다른 것보다 못할 수 있다. 그러므로 관상 생활이 단적으로는 활동 생활보다 낫다고 말해야 한다. 철학자는 『니코마코스 윤리학』 제10권[6]에서 이를 여덟 가지 근거로 증명한다. 첫째로, 관상 생활은 인간 안에 있는 가장 뛰어난 것, 곧 지성에 따라서 그리고 그것에 고유한 대상인 가지적인 것에 따라서 인간에게 부합한다. 반면 활동 생활은 그의 외부에 있는 것들에 종사한다. 그래서 그레고리우스가 『욥기의 도덕적 해설』 제6권[7]에서 말하듯이 관상 생활을 나타내는 라헬은 "원리를 봄"을 뜻하고, 활동 생활을 나타내는 레아는 "눈이 흐렸다."[8] ―둘째로, 관상 생활은 위에서 말한 바와 같이[9] 최고의 정도로는 지속될 수 없다 하더라도 더 오래 지속된다. 그래서 관상 생활을 나타내는 마리아는 "주님의 발치에 앉아"[10] 계속 머물러 있었던 것으로 묘사된다. ―셋째로, 관상 생활은 활동 생활보다 유쾌하다. 그래서 아우구스티누스는 『주님의 말씀』[11]에서, "마르타는 시달렸고 마리아는 잔치를 즐겼다."고 말한다. ―넷째로, 관상 생활에서 인간은 더 자족적이다. 그것을 위해서는 필요한 것이 더 적다. 그래서 루카복음서 10장 [41절]에서는 "마르타, 마르타, 너는 많은 일에 애를 쓴다."라고 말한다. ―다섯째로, 관상 생활은 그 자체로 더 사랑을 받는다. 활동 생활은 다른 어떤 것을 위한 것이다. 그래서 시편 27[26]편 [4절]에서는 "주님께 청하는 것이 하나 있어 나 그것을 얻고자 하니 내 한평생 주님의 집에 살며 주님의 뜻을[12] 우리

---

8. 창세 29,17.
9. Q.180, a.8; q.181, a.4, ad3.
10. 루카 10,39.
11. Serm.103, al.26, c.2: PL 38, 614.
12. 불가타: "voluptatem."

*Domini omnibus diebus vitae meae, ut videam voluntatem*[12] *Domini.* —*Sexto*, quia vita contemplativa consistit in quadam vacatione et quiete: secundum illud Psalmi [Ps. 45, 11]: *Vacate, et videte quoniam ego sum Deus.* —*Septimo*, quia vita contemplativa est secundum divina: vita autem activa secundum humana. Unde Augustinus dicit, in libro *de Verbis Dom.*[13]: —*In principio erat Verbum*—: ecce quod Maria audiebat. —*Verbum caro factum est*—: ecce cui Martha ministrabat. — *Octavo*, quia vita contemplativa est secundum id quod est magis proprium homini, idest secundum intellectum: in operationibus autem vitae activae communicant etiam inferiores vires, quae sunt nobis et brutis communes. Unde in Psalmo [Ps. 35],, postquam dictum est [v. 7], *Homines et iumenta salvabis, Domine,* subditur [v. 10]S id quod est hominibus speciale: *In lumine tuo videbimus lumen.* —*Nonam* rationem addit Dominus, Luc. 10, [42], cum dicit: *Optimam partem elegit Maria, quae non auferetur ab ea.* Quod exponens Augustinus, in libro *de Verbis Dom.*,[14] dicit: *Non tu malam: sed illa meliorem. Audi unde meliorem: quia non auferetur ab ea. A te auferetur aliquando onus necessitatis: aeterna est dulcedo veritatis.*

Secundum quid tamen, et in casu, magis est eligenda vita activa, propter necessitatem praesentis vitae. Sicut etiam Philosophus dicit, in III *Topic.*,[15] quod *philosophari est melius quam ditari, sed ditari me-*

---

13. Serm.104, al.27, c.2: PL 38, 617.

러보는 것이라네."라고 말한다. —여섯째로, 관상 생활은 일종의 쉼과 휴식으로 이루어진다. 시편 46[45]편 [11절]에서는 "너희는 멈추고 내가 하느님임을 알아라."라고 말한다. —일곱째로, 관상 생활은 신적인 것들에 관련되고 활동 생활은 인간적인 것들에 관련된다. 그래서 아우구스티누스는 『주님의 말씀』[13]에서 "'한처음에 말씀이 계셨다.' 마리아는 그 말씀에 귀를 기울였다. '말씀이 사람이 되셨다.' 마르타는 그분께 봉사했다."라고 말한다. —여덟째로, 관상 생활은 인간에게 더 고유한 것인 지성과 관련된다. 그러나 활동 생활의 작용들에서는 인간과 짐승에게 공통된 하위의 능력들이 관련된다. 그래서 시편 36[35]편 [7절]에서는 "당신께서는 사람과 짐승을 도와주십니다."라고 말한 다음 [10절]에서 인간에게 고유한 것을 더하여 "당신 빛으로 저희는 빛을 봅니다."라고 말한다.

주님은 여기에 아홉째 근거를 더하여, 루카복음서 10장 [42절]에서 "마리아는 좋은 몫을 선택하였다. 그리고 그것을 빼앗기지 않을 것이다."라고 말씀하신다. 아우구스티누스는 『주님의 말씀』[14]에서 이를 설명한다. "당신이 나쁜 것을 선택한 것은 아니지만, 마리아는 더 좋은 몫을 선택했습니다. 어째서 더 나은 것인지 들어보십시오. 그것은 빼앗기지 않을 것입니다. 곤궁함이라는 짐은 당신에게서 없어질 것입니다. 그러나 진리의 감미로움은 영원합니다."

그러나 어떤 경우에 어떤 측면에서, 현세 생활의 필요 때문에 활동 생활을 더 선택해야 할 때가 있다. 그래서 철학자도 『토피카』 제3권[15]

---

14. Serm.103, al.26, c.4: PL 38, 615.
15. C.2: 118a10-11.

*lius est necessitatem patienti.*

AD PRIMUM ergo dicendum quod ad praelatos non solum pertinet vita activa, sed etiam debent esse excellentes in vita contemplativa. Unde Gregorius dicit, in Pastorali[16]: *Sit rector actione praecipuus, prae cunctis in contemplatione suspensus.*

AD SECUNDUM dicendum quod vita contemplativa in quadam animi libertate consistit. Dicit enim Gregorius, *super Ezech.*,[17] quod vita contemplativa *ad quandam mentis libertatem transit, temporalia non cogitans, sed aeterna.* Et Boetius dicit, in V *de Consolat.*[18]: *Humanas animas liberiores esse necesse est cum se in mentis divinae speculatione conservant: minus vero, cum dilabuntur ad corpora.* Unde patet quod vita activa non directe praecipit vitae contemplativae: sed, disponendo ad vitam contemplativam, praecipit quaedam opera vitae activae; in quo magis servit contemplativae vitae quam dominetur. Et hoc est quod Gregorius dicit, *super Ezech.*,[19] quod *activa vita servitus, contemplativa autem libertas vocatur.*

AD TERTIUM dicendum quod ad opera vitae activae interdum aliquis a contemplatione avocatur propter aliquam necessitatem praesentis vitae: non tamen hoc modo quod cogatur aliquis totaliter contemplationem deserere. Unde Augustinus dicit, XIX *de Civ. Dei*[20]:

---

16. P.II, c.1: PL 77, 26D–27A.

에서 "철학을 하는 것이 부자가 되는 것보다 낫지만, 곤궁을 겪는 사람에게는 부자가 되는 편이 더 낫다."라고 말한다.

[해답] 1. 고위 성직자들은 활동 생활에만 관련되는 것이 아니라, 관상 생활에서도 탁월해야 한다. 그래서 그레고리우스는 『사목 규칙』[16]에서 "장상은 활동에서 첫째이고 관상에서 다른 이들보다 드높아야 한다."라고 말한다.

2. 관상 생활은 정신의 자유에 있다. 그레고리우스는 『에제키엘서 강해』[17]에서 "관상 생활은 현세적인 것들을 생각하지 않고 영원한 것들을 생각하는 정신의 자유를 갖게 한다."라고 말한다. 그리고 보에티우스는 『철학의 위안』 제5장[18]에서 "인간 영혼은 하느님의 정신을 바라볼 때 필연적으로 더 자유로워지고, 물질적인 것들로 내려갈 때 덜 자유로워진다."고 말한다. 그러므로 활동 생활이 직접적으로 관상 생활을 지배하는 것이 아니며, 관상 생활을 준비하도록 활동 생활의 어떤 일들을 명한다. 이것은 관상 생활을 지배하는 것이라기보다 관상 생활에 봉사하는 것이다. 그레고리우스는 이에 관하여 『에제키엘서 강해』[19]에서 "활동 생활은 종살이이고 관상 생활은 자유"라고 말한다.

3. 때로는 현세 생활의 필요 때문에 관상 생활을 떠나 활동 생활의 일을 하게 되지만, 그렇다고 해서 관상을 완전히 포기하도록 강요되는 것은 아니다. 그래서 아우구스티누스는 『신국론』 제19권[20]에서 이렇게 말한다. "진리에 대한 참사랑은 거룩한 한가함을 찾는다. 반면 참사랑

---

17. L.I, hom.3, n.13: PL 76, 812A.
18. Prosa 2: PL 63, 836A.
19. Loc. prox. cit., n.9: PL 76, 809C.
20. C.19: PL 41, 647-648.

*Otium sanctum quaerit caritas veritatis: negotium iustum,* scilicet vitae activae, *suscipit necessitas caritatis. Quam sarcinam si nullus imponit, percipiendae atque intuendae vacandum est veritati. Si autem imponitur, suscipienda est, propter caritatis necessitatem. Sed nec sic omnino veritatis delectatio deserenda est: ne subtrahatur illa suavitas, et opprimat ista necessitas.* Et sic patet quod, cum aliquis a contemplativa vita ad activam vocatur, non hoc fit per modum subtractionis, sed per modum additionis.

## Articulus 2
### Utrum vita activa sit maioris meriti quam contemplativa

Ad secundum sic proceditur. Videtur quod vita activa sit maioris meriti quam contemplativa.

1. Meritum enim dicitur respectu mercedis. Merces autem debetur labori: secundum illud I *ad Cor.* 3, [8]: *Unusquisque propriam mercedem accipiet secundum suum laborem.* Sed vitae activae attribuitur labor, contemplativae vero quies: dicit enim Gregorius, *super Ezech.*[1]: *Omnis qui ad Deum convertitur, prius necesse est ut desudet in labore, idest Liam accipiat, ut post ad videndum principium in Rachel amplexi-*

---

1. Hom.14; al. l.II, hom.2, n.10: PL 76, 954B.

의 요구는 정당한 수고를 받아들인다." 이는 활동 생활의 수고를 말한다. "만일 아무도 이러한 짐을 부과하지 않는다면, 진리를 찾고 관상하는 데에 전념해야 할 것이다. 그러나 짐이 부과된다면, 참사랑의 요구 때문에 이를 받아들여야 한다. 하지만 감미로움을 잃고 필요에 짓눌리지 않도록, 진리의 유쾌함을 완전히 버려서는 안 된다." 그러므로 어떤 사람이 관상 생활로부터 활동 생활로 부름을 받게 될 때, 이는 잃는 것이 아니라 더하는 것이 되어야 한다.

## 제2절 활동 생활은 관상 생활보다 공로가 큰가

Parall.: *In Sent.*, III, d.30, a.4, ad2; d.35, q.1, a.4, qc.2; *Quodlibet.*, I, q.7, a.2; III, q.6, a.3, ad6.

[반론] 둘째에 대해서는 다음과 같이 진행된다. 활동 생활에는 관상 생활보다 더 큰 공로가 따르는 것으로 생각된다.

1. 공로는 상급과 관련하여 언급되고, 상급은 수고에 따른다. 코린토 1서 3장 [8절]에서는 "저마다 수고한 만큼 자기 삯을 받을 뿐입니다."라고 말한다. 그런데 수고는 활동 생활에 속하고, 관상 생활에는 휴식이 속한다. 그레고리우스가 『에제키엘서 강해』[1]에서 말하듯이 "하느님을 향하여 회심하는 사람은 먼저 수고하며 땀을 흘려야 한다. 먼저 레아를 맞아들여야 하고, 그럼으로써 나중에 라헬의 품에서 원리를 보며 쉴 수 있게 된다." 그러므로 활동 생활은 관상 생활보다 공로가 크다.

2. 관상 생활은 장차 올 행복의 시작과 같다. 그래서 요한복음서 21

*bus requiescat.* Ergo vita activa est maioris meriti quam contemplativa.

2. Praeterea, vita contemplativa est quaedam inchoatio futurae felicitatis. Unde super illud Ioan. 21, [22], *Sic eum volo manere donec veniam,* dicit Augustinus[2]: *Hoc apertius dici potest: Perfecta me sequatur actio, informata meae passionis exemplo: inchoata vero contemplatio maneat donec venio, perficienda cum venero.* Et Gregorius dicit, *super Ezech.,*[3] quod *contemplativa vita hic incipitur, ut in caelesti patria perficiatur.* Sed in illa futura vita non erit status merendi, sed recipiendi pro meritis. Ergo vita contemplativa minus videtur habere de ratione meriti quam vita activa: sed plus habet de ratione praemii.

3. Praeterea, Gregorius dicit, *super Ezech.,*[4] quod *nullum sacrificium est Deo magis acceptum quam zelus animarum.* Sed per zelum animarum aliquis se convertit ad studia activae vitae. Ergo videtur quod vita contemplativa non sit maioris meriti quam activa.

SED CONTRA est quod Gregorius dicit, in VI *Moral.*[5]: *Magna sunt activae vitae merita: sed contemplativae potiora.*

RESPONDEO dicendum quod radix merendi est caritas, sicut supra[6] habitum est. Cum autem caritas consistat in dilectione Dei et proximi, sicut supra[7] habitum est, diligere Deum secundum se est

---

2. *In Ioan.*, tract. 24, n.5: PL 35, 1974.
3. Loc. cit., n.9: PL 76, 954A.

장 [22절]의 "내가 올 때까지 그가 살아 있기를 내가 바란다고 할지라도"라는 구절에 대해 아우구스티누스[2]는 이렇게 말한다. "더 명확하게 표현한다면 이렇게 말할 수 있다. 나의 수난을 본받아, 완전한 활동이 나를 뒤따르기를. 그러나 시작된 관상은 내가 올 때까지 남아 있어 내가 올 때 완성되기를." 그리고 그레고리우스는 『에제키엘서 강해』[3]에서 "관상 생활은 이 세상에서 시작되고 천상 본향에서 완성된다."라고 말한다. 그런데 내세의 삶은 공로가 되는 것이 아니라 공로에 대한 갚음을 받는 것이다. 그러므로 관상 생활은 활동 생활보다 공로가 적고, 상급이라는 측면이 더 강하다.

3. 그레고리우스는 『에제키엘서 강해』[4]에서 "어떤 희생 제사도 영혼들에 대한 열정만큼 하느님께 기꺼이 받아들여지지 않는다."라고 말한다. 그런데 영혼들에 대한 열정은 활동 생활에 힘쓰게 한다. 그러므로 관상 생활은 활동 생활보다 공로가 크지 않은 것으로 생각된다.

[재반론] 그레고리우스는 『욥기의 도덕적 해설』 제6권[5]에서 "활동 생활의 공로는 크지만, 관상 생활의 공로는 그보다 더 크다."라고 말한다.

[답변] 위에서 말한 바와 같이[6] 공로의 근원은 참사랑이다. 그런데 위에서 언급한 것처럼[7] 참사랑은 하느님과 이웃을 사랑하는 데 있다. 그

---

4. L.1, hom.12, n.30: PL 76, 932C.
5. C.37, al.18, in vet.28, n.61: PL 75, 764D.
6. Q.83, a.15; I-II, q.114, a.4.
7. Q.25, a.1.

magis meritorium quam diligere proximum, ut ex supra[8] dictis patet. Et ideo illud quod directius pertinet ad dilectionem Dei, magis est meritorium ex suo genere quam id quod directe pertinet ad dilectionem proximi propter Deum. Vita autem contemplativa directe et immediate pertinet ad dilectionem Dei: dicit enim Augustinus, XIX *de Civ. Dei*,[9] quod *otium sanctum,* scilicet contemplativae vitae, *quaerit caritas veritatis,* scilicet divinae; cui potissime vita contemplativa insistit, sicut dictum est.[10] Vita autem activa ordinatur directius ad dilectionem proximi: quia *satagit circa frequens ministerium,* ut dicitur Luc. 10, [40]. Et ideo ex suo genere contemplativa vita est maioris meriti quam activa. Et hoc est quod Gregorius dicit, in III Homil. *Ezech.*[11]: *Contemplativa est maior merito quam activa: quia haec in usu praesentis operis laborat,* in quo scilicet necesse est proximis subvenire; *illa vero sapore intimo venturam iam requiem degustat,* scilicet in contemplatione Dei.

Potest tamen contingere quod aliquis in operibus vitae activae plus meretur quam alius in operibus vitae contemplativae: puta si propter abundantiam divini amoris, ut eius voluntas impleatur propter ipsius gloriam, interdum sustinet a dulcedine divinae contemplationis ad tempus separari. Sicut Apostolus dicebat, *Rom.* 9, [3]: *Optabam ego ipse anathema esse a Christo pro fratribus meis:* quod exponens

---

8. Q.27, a.8.
9. C.19: PL 41, 647.

러므로 위에서 말한 데서⁸ 밝혀지듯이 하느님을 그 자체로 사랑하는 것이 이웃을 사랑하는 것보다 더 큰 공로가 된다. 그리고 직접 하느님 사랑에 더 속하는 것이 직접적으로 하느님 때문에 이웃을 사랑하는 데 속하는 것보다 더 큰 공로가 된다. 그런데 관상 생활은 직접 매개 없이 하느님 사랑에 속한다. 아우구스티누스는 『신국론』 제19권⁹에서 신적 "진리에 대한 참사랑은 거룩한 한가함을" 곧 관상 생활을 "찾는다."라고 말한다. 앞서 말한 바와 같이¹⁰ 관상 생활이 추구하는 것은 그 진리이다. 한편 활동 생활은 직접적으로 이웃 사랑을 목적으로 한다. 루카복음서 10장 [40절]에서 말하듯이 활동 생활은 많은 봉사를 위해 바쁘다. 그래서 관상 생활은 그 종류에 있어 활동 생활보다 더 공로가 많다. 이것이 그레고리우스가 『에제키엘서 강해』¹¹에서 말하는 것이다. "관상 생활은 활동 생활보다 공로가 많다. 활동 생활은 이웃을 도와주기 위해 현세의 생활에 필요한 일들을 하는 것이기 때문이다." 반면 관상 생활은 "하느님을 관상하는 가운데 미래의 안식을 내면에서 미리 맛보는 것이다."

그러나 어떤 사람이 활동 생활의 일로써 다른 사람이 관상 생활의 일로써 얻는 것보다 더 많은 공로를 얻는 경우도 있을 수 있다. 예를 들어 하느님에 대한 넘치는 사랑으로 어떤 사람이 하느님의 영광을 위해 하느님의 뜻이 이루어지도록 얼마 동안 하느님을 관상하는 감미로움에서 분리되는 것을 견딜 경우가 그러하다. 그래서 사도는 로마서 9장 [3절]에서 "내 형제들을 위해서라면, 나 자신이 저주를 받아 그리스

---

10. Q.180, a.4; q.181, a.4, ad2.
11. I, n.9, PL 76, 809B.

Chrysostomus, in libro *de Compunct.*,[12] dicit: *Ita totam mentem eius demerserat amor Christi, ut etiam hoc quod ei prae ceteris omnibus amabilius erat, esse cum Christo, rursus idipsum, quia ita placeret Christo, contemneret.*

AD PRIMUM ergo dicendum quod labor exterior operatur ad augmentum praemii accidentalis: sed augmentum meriti respectu praemii essentialis consistit principaliter in caritate.[13] Cuius quoddam signum est labor exterior toleratus propter Christum: sed multo expressius eius signum est quod aliquis, praetermissis omnibus quae ad hanc vitam pertinent, soli divinae contemplationi vacare delectetur.

AD SECUNDUM dicendum quod in statu felicitatis futurae homo pervenit ad perfectum: et ideo non relinquitur locus proficiendi per meritum. Si tamen relinqueretur, esset efficacius meritum, propter caritatem maiorem. Sed contemplatio praesentis vitae cum quadam imperfectione est, et adhuc habet quo proficiat. Et ideo non tollit rationem merendi, sed augmentum meriti facit, propter maius exercitium caritatis divinae.

AD TERTIUM dicendum quod sacrificium spiritualiter Deo offertur cum aliquid ei exhibetur. Inter omnia autem bona hominis Deus maxime acceptat bonum humanae animae, ut hoc sibi in sacrificium offeratur. Offerre autem debet aliquis Deo, primo quidem, animam

도에게서 떨어져 나가기라도 했으면 하는 심정입니다."라고 말한다. 크리소스토무스는 『뉘우침과 자제』[12]에서 이를 설명하여 이렇게 말한다. "그리스도의 사랑이 그의 정신에 깊이 스며들어, 그는 그리스도를 무엇보다 사랑했으면서도 그리스도의 마음에 들기 위하여 그리스도와 함께 있는 것까지도 경시하려 했던 것이다."

[해답] 1. 외적인 수고는 우연적으로 상급의 증가를 가져오지만, 본질적으로 상급과 관련하여 공로가 증가하는 것은 주로 참사랑에 달려 있다.[13] 그리스도를 위하여 외적인 수고를 견디는 것은 참사랑의 한 표지이다. 그러나 어떤 사람이 현세의 삶에 속하는 모든 것을 버리고 오직 하느님을 관상하기 위하여 다른 모든 것을 멈추는 것을 즐거워한다면 이는 참사랑의 더 분명한 표지이다.

2. 장차 올 행복의 상태에서 인간은 완전에 도달하고, 그때는 공로에서 더 나아갈 방법이 없을 것이다. 만일 그런 방법이 있다면, 공로가 더 효과적인 것은 참사랑이 더 크기 때문일 것이다. 하지만 현세의 삶에서 관상은 어떤 식으로 불완전하고, 그래서 아직 더 진보할 여지가 있다. 그러므로 관상은 공로의 근거를 배제하지 않고, 오히려 하느님에 대한 참사랑을 더 많이 실천함으로써 공로가 증가하게 한다.

3. 하느님께 어떤 것을 바칠 때 영적으로 하느님께 희생 제사를 바치게 된다. 그리고 인간의 모든 선들 가운데 하느님이 가장 즐겨 받으시는 것은 인간 영혼의 선이다. 그러나 각자는 먼저 자신의 영혼을 바쳐

---

12. *Ad Demetrium*, I, n.7: PG 47, 405.
13. Cf. Sup. q.96, a.1.

suam, secundum illud *Eccli.* 30, [24], *Miserere animae tuae placens Deo:* secundo autem, animas aliorum, secundum illud *Apoc.* 22, [17], *Qui audit, dicat, Veni.* Quanto autem homo animam suam vel alterius propinquius Deo coniungit, tanto sacrificium est Deo magis acceptum. Unde magis acceptum est Deo quod aliquis animam suam et aliorum applicet contemplationi, quam actioni. Per hoc ergo quod dicitur quod *nullum sacrificium est Deo magis acceptum quam zelus animarum,* non praefertur meritum vitae activae merito vitae contemplativae: sed ostenditur magis esse meritorium si quis offerat Deo animam suam et aliorum, quam quaecumque alia exteriora dona.

## Articulus 3
### Utrum vita contemplativa impediatur per activam

Ad tertium sic proceditur. Videtur quod vita contemplativa impediatur per activam.

1. Ad vitam enim contemplativam necessaria est quaedam vacatio mentis: secundum illud Psalmi [Ps. 45, 11]: *Vacate, et videte quoniam ego sum Deus.* Sed vita activa habet inquietudinem: secundum illud Luc. 10, [41]: *Martha, Martha, sollicita es et turbaris erga plurima.* Ergo vita activa contemplativam impedit.

야 한다. 집회서 30장 [24절]에서는 "네 영혼을 불쌍히 여기고 하느님의 마음에 들도록 하여라."라고 말한다. 그다음으로 다른 이들의 영혼을 바쳐야 한다. 요한묵시록 22장 [17절]에서는 "이 말을 듣는 사람도 '오십시오.' 하고 말하여라."라고 말한다. 그런데 자신의 영혼이나 다른 사람의 영혼을 하느님께 긴밀히 결합시킬수록, 그의 제사는 하느님의 마음에 들게 된다. 그래서 자신의 영혼이나 다른 사람의 영혼을 활동보다 관상에 전념하게 하는 것이 더 하느님의 마음에 든다. 그러므로 "어떤 희생 제사도 영혼들에 대한 열정만큼 하느님께 기꺼이 받아들여지지 않는다."라는 말은 활동 생활의 공로가 관상 생활의 공로보다 낫다는 뜻이 아니라, 하느님께 자신의 영혼과 다른 이들의 영혼을 바치는 것이 다른 외적인 선물을 드리는 것보다 낫다는 뜻이다.

## 제3절 관상 생활은 활동 생활로 방해를 받는가

**Parall.**: Part. I, q.112, a.1, ad3.

[반론] 셋째에 대해서는 다음과 같이 진행된다. 관상 생활은 활동 생활로 방해를 받는 것으로 생각된다.

1. 관상 생활은 정신의 평온함을 요구한다. 시편 46[45]편 [11절]에서는 "너희는 멈추고 내가 하느님임을 알아라."라고 말한다. 반면 활동 생활에는 염려가 많다. 루카복음서 10장 [41절]에서는 "마르타, 마르타, 너는 많은 일에 염려하며 애를 쓴다."라고 말한다. 그러므로 활동 생활은 관상 생활을 방해한다.

2. Praeterea, ad vitam contemplativam requiritur claritas visionis. Sed vita activa impedit visionis claritatem: dicit enim Gregorius, *super Ezech.*,¹ quod *lippa est et fecunda, quia, dum occupatur in opere, minus videt*. Ergo vita activa impedit contemplativam.

3. Praeterea, unum contrariorum impeditur per aliud. Sed vita activa et contemplativa videntur contrarietatem habere ad invicem, quia vita activa occupatur circa plurima, vita autem contemplativa insistit ad contemplandum unum: unde et ex opposito dividuntur. Ergo videtur quod vita contemplativa impediatur per activam.

SED CONTRA est quod Gregorius dicit, in VI *Moral.*²: *Qui contemplationis arcem tenere desiderant, prius se in campo per exercitium operis probent.*

RESPONDEO dicendum quod vita activa potest considerari quantum ad duo. Uno modo, quantum ad ipsum studium et exercitium exteriorum actionum. Et sic manifestum est quod vita activa impedit contemplativam: inquantum impossibile est quod aliquis simul occupetur circa exteriores actiones, et divinae contemplationi vacet.

Alio modo potest considerari vita activa quantum ad hoc quod interiores animae passiones componit et ordinat. Et quantum ad hoc, vita activa adiuvat ad contemplationem, quae impeditur per inordinationem interiorum passionum. Unde Gregorius dicit, in VI *Moral.*³: *Cum contemplationis arcem aliqui tenere desiderant, prius se in*

2. 관상 생활을 위해서는 밝게 보는 것이 요구된다. 그런데 활동 생활은 그 밝음을 방해한다. 그레고리우스는 『에제키엘서 강해』[1]에서 레아가 "눈이 흐리고 자녀가 많았다. 일들에 바빠서 많은 것을 보지 못한다."라고 말한다. 그러므로 활동 생활은 관상 생활을 방해한다.

3. 어떤 것에 반대되는 것은 그것을 방해한다. 그런데 활동 생활과 관상 생활은 서로 반대되는 것으로 생각된다. 활동 생활은 많은 것들을 다루고, 관상 생활은 오직 하나를 관상하는 데에 머물기 때문이다. 따라서 이들은 서로 대립된다. 그러므로 관상 생활은 활동 생활에 의해 방해를 받는 것으로 생각된다.

[재반론] 그레고리우스는 『욥기의 도덕적 해설』 제6권[2]에서 "관상의 요새를 차지하고자 하는 사람은 먼저 들판에서 활동으로 훈련되어야 한다."라고 말한다.

[답변] 활동 생활은 두 측면에서 고찰할 수 있다. 첫째는 외적인 행위들에 노력하고 실천한다는 것이다. 이 점에서 볼 때, 활동 생활이 관상 생활을 방해한다는 것은 명백하다. 한 사람이 동시에 외적인 활동에 종사하면서 하느님을 관상하기 위해 멈추어 있을 수는 없기 때문이다.

둘째로 활동 생활은 영혼의 내적 정념들을 조절하고 정돈하는 것으로서 고찰할 수 있다. 이 점에서 활동 생활은 관상을 돕는다. 관상은 무질서한 내적 정념들로 방해를 받기 때문이다. 그래서 그레고리우스

---

1. Hom.14; al. l.II, hom.2, n.10: PL 76, 954C.
2. C.37, al. 17, in vet.27, n.59: PL 75, 763C.

*campo per exercitium operis probent: ut sollicite sciant si nulla iam mala proximis irrogant, si irrogata a proximis aequanimiter portant, si obiectis bonis temporalibus nequaquam mens laetitia solvitur, si subtractis non nimio maerore sauciantur. Ac deinde perpendant si, cum ad semetipsos introrsus redeunt, in eo quod spiritualia rimantur, nequaquam secum rerum corporalium umbras trahunt, vel fortasse tractas manu discretionis abigunt.* Ex hoc ergo exercitium vitae activae confert ad contemplativam, quod quietat interiores passiones, ex quibus phantasmata proveniunt, per quae contemplatio impeditur.

Et per hoc patet responsio AD OBIECTA. Nam rationes illae procedunt quantum ad ipsam occupationem exteriorum actuum: non autem quantum ad effectum, qui est moderatio passionum.

## Articulus 4
### Utrum vita activa sit prior quam contemplativa

Ad quartum sic proceditur. Videtur quod vita activa non sit prior quam contemplativa.

1. Vita enim contemplativa directe pertinet ad dilectionem Dei, vita autem activa ad dilectionem proximi. Sed dilectio Dei praecedit dilectionem proximi, inquantum proximus propter Deum diligitur.

는 『욥기의 도덕적 해설』 제6권[3]에서 이렇게 말한다. "관상의 요새를 차지하고자 하는 사람은 먼저 들판에서 활동으로 훈련되어야 한다. 이로써 자신이 이웃에게 악을 행하지 않을 수 있는지, 이웃이 악을 행할 때 평온한 마음으로 견딜 수 있는지, 현세적 선들이 있을 때 정신이 즐거움으로 휩싸이거나 아니면 손실이 있을 때 좌절하지 않을 수 있는지 확인해 보아야 한다. 이렇게 한 다음 자기 자신 안으로 들어가 영적인 것들을 탐구하는 데에 전념하여 육체적인 것의 그림자를 전혀 지니지 않거나 또는 분별 있는 손으로 그런 것들을 멀리한다." 그러므로 이 측면에서 본다면 활동 생활은 관상을 방해하는 감각상을 일으키는 내적 정념들을 가라앉힘으로써 관상에 도움을 준다.

이로써 반론들에 대한 해답은 명백하다. 제시된 논거들은 외적 행위의 일들 자체에 대한 것이고, 그 결과인 정념들을 조절하는 것에 관한 것이 아니다.

## 제4절 활동 생활은 관상 생활에 선행하는가

**Parall.**: *De veritate*, q.11, a.4, ad2; *Contra doct. retrah.*, c.7, ad7.

[반론] 첫째에 대해서는 다음과 같이 진행된다. 활동 생활은 관상 생활에 선행하지 않는 것으로 보인다.

1. 관상 생활은 직접 하느님 사랑에 속하고, 활동 생활은 이웃 사랑

---

3. Ibid.

Ergo videtur quod etiam vita contemplativa sit prior quam activa.

2. Praeterea, Gregorius dicit, *super Ezech.*[1]: *Sciendum est quod, sicut bonus ordo vivendi est ut ab activa in contemplativam tendatur, ita plerumque utiliter a contemplativa animus ad activam reflectitur.* Non ergo simpliciter vita activa est prior quam contemplativa.

3. Praeterea, ea quae diversis competunt, non videntur ex necessitate ordinem habere. Sed vita activa et contemplativa diversis competunt: dicit enim Gregorius, in VI *Moral.*[2]: *Saepe qui contemplari Deum quieti poterant, occupationibus pressi ceciderunt: et saepe qui occupati bene humanis usibus viverent, gladio suae quietis extincti sunt.* Non ergo vita activa prior est quam contemplativa.

SED CONTRA est quod Gregorius dicit, in III *Homil. Ezech.*[3]: *Activa vita prior est tempore quam contemplativa: quia ex bono opere tenditur ad contemplationem.*

RESPONDEO dicendum quod aliquid dicitur esse prius dupliciter. Uno modo, secundum suam naturam. Et hoc modo vita contemplativa est prior quam activa, inquantum prioribus et melioribus

---

1. Homil.14, al. l.II, hom.2, n.11; PL 76, 954D-955A.

에 속한다. 그런데 하느님 사랑은 이웃 사랑에 선행한다. 하느님 때문에 이웃을 사랑하는 것이기 때문이다. 그러므로 관상 생활이 활동 생활보다 선행하는 것으로 생각된다.

2. 그레고리우스는 『에제키엘서 강해』[1]에서 "활동 생활에서 관상 생활로 나아가는 것이 삶의 좋은 순서이듯이, 영혼은 종종 관상 생활에서 활동 생활로 돌아가는 것이 유익하다."라고 말한다. 그러므로 활동 생활이 절대적으로 관상 생활을 선행하는 것은 아니다.

3. 서로 다른 이들에게 해당하는 것들 사이에 반드시 순서가 있는 것은 아니다. 그런데 활동 생활과 관상 생활은 서로 다른 이들에게 해당한다. 그레고리우스는 『욥기의 도덕적 해설』 제6권[2]에서 이렇게 말한다. "평온하다면 하느님을 관상할 수 있었던 이들이 다른 일들에 짓눌려 넘어지는 경우가 흔하다. 또 일을 한다면 다른 사람들에게 유익을 주며 살 수 있었던 이들이 평온함의 칼에 죽임을 당하는 일도 흔하다." 그러므로 활동 생활은 관상 생활에 선행하는 것이 아니다.

[재반론] 그레고리우스는 『에제키엘서 강해』[3]에서, "활동 생활은 시간적으로 관상 생활을 선행한다. 선행에서 관상으로 향해가는 것이기 때문이다."라고 말한다.

[답변] 어떤 것이 다른 것에 선행한다고 말하는 데는 두 가지 방식이 있다. 첫째는 그 본성에 따라서이다. 이렇게 본다면 관상 생활이 활동

---

2. C.37, al.17, in vet.26, n.57: PL 75, 761D.
3. I, n.9: PL 76, 809B.

insistit. Unde et activam vitam movet et dirigit: ratio enim superior, quae contemplationi deputatur, comparatur ad inferiorem, quae deputatur actioni, sicut vir ad mulierem, quae est per virum regenda, ut Augustinus dicit, XII *de Trin.*.[4]

Alio modo est aliquid prius quoad nos: quod scilicet est prius in via generationis. Et hoc modo vita activa est prior quam contemplativa: quia disponit ad contemplativam, ut ex supra[5] dictis patet. Dispositio enim in via generationis praecedit formam, quae simpliciter et secundum naturam est prior.[6]

AD PRIMUM ergo dicendum quod vita contemplativa non ordinatur ad qualemcumque Dei dilectionem, sed ad perfectam. Sed vita activa necessaria est ad dilectionem proximi qualemcumque. Unde Gregorius dicit, in III Homil. *Ezech.*[7]: *Sine contemplativa vita intrare possunt ad caelestem patriam qui bona quae possunt, operari non negligunt: sine activa autem intrare non possunt, si negligunt bona operari quae possunt.* Ex quo etiam patet quod vita activa praecedit contemplativam, sicut id quod est commune omnium, praecedit in via generationis id quod est proprium perfectorum.

AD SECUNDUM dicendum quod a vita activa proceditur ad vitam contemplativam secundum ordinem generationis: a vita autem

---

4. Cc.3,7,12: PL 42, 999,1003,1007=1008. Cf. I, q.79, a.9.
5. 앞 절; q.181, a.1, ad3.

생활에 선행한다. 그것이 더 앞서고 더 좋은 것에 관련되기 때문이다. 그래서 관상 생활은 활동 생활을 움직이고 지도한다. 아우구스티누스가 『삼위일체론』 제12권[4]에서 말하듯이 "관상에 해당하는 상위의 이성과 활동에 해당하는 하위의 이성의 관계는 남편과 그 남편의 지배를 받는 아내의 관계와 같다."

둘째는 우리와 관련해서 선행하는 것이다. 여기에서는 활동 생활이 관상 생활에 선행한다. 위에서 말한 바와 같이[5] 활동 생활이 관상 생활을 준비시키기 때문이다. 단적으로 그리고 본성에 있어서는 형상이 상태에 앞서지만,[6] 발생의 순서에서는 상태가 형상에 앞서는 것이다.

[해답] 1. 관상 생활은 아무런 하느님 사랑을 지향하는 것이 아니라 완전한 하느님 사랑을 지향한다. 그러나 활동 생활은 어떤 이웃 사랑을 위해서도 필요하다. 그래서 그레고리우스는 『에제키엘서 강해』 제3권[7]에서 "할 수 있는 모든 선을 소홀히 하지 않은 사람은 관상 생활 없이 천상 본향에 들어갈 수 있다. 그러나 할 수 있는 선을 소홀히 했다면 활동 생활 없이 거기에 들어갈 수 없다."라고 말한다. 이는 모든 이들에게 공통된 것이 발생의 순서에서 더 완전한 이들에게 고유한 것을 앞서듯이 활동 생활이 관상 생활을 선행함을 보여준다.

2. 활동 생활에서 관상 생활로 나아가는 것은 발생의 순서에 따라서이고, 관상 생활에서 활동 생활로 돌아가는 것은 지도를 통해서이다. 활동 생활이 관상 생활을 통해 지도되기 때문이다. 『니코마코스 윤리

---

6. Cf. III, q.7, a.13, ad2.
7. I, n.10; PL 76, 809D.

contemplativa reditur ad vitam activam per viam directionis, ut scilicet vita activa per contemplationem dirigatur. Sicut etiam per operationes acquiritur habitus, et per habitum acquisitum perfectius aliquis operatur, ut dicitur in II *Ethic.*.[8]

AD TERTIUM dicendum quod illi qui sunt proni ad passiones propter eorum impetum ad agendum, sunt similiter magis apti ad vitam activam propter spiritus inquietudinem. Unde dicit Gregorius, in VI *Moral.*,[9] quod *nonnulli ita inquieti sunt ut, si vacationem laboris habuerint, gravius laborent: quia tanto deteriores cordis tumultus tolerant, quanto eis licentius ad cogitationes vacat.* —Quidam vero habent naturaliter animi puritatem et quietem, per quam ad contemplationem sunt apti: qui si totaliter actionibus deputentur, detrimentum sustinebunt. Unde Gregorius dicit, in VI *Moral.*,[10] quod *quorundam hominum ita otiosae mentes sunt ut, si eos labor occupationis excipiat, in ipsa operationis inchoatione succumbant.*

Sed, sicut ipse postea[11] subdit, *saepe et pigras mentes amor ad opus excitat; et inquietas in contemplatione timor refrenat.* Unde et illi qui sunt magis apti ad activam vitam, possunt per exercitium activae ad contemplativam praeparari: et illi nihilominus qui sunt magis ad contemplativam apti, possunt exercitia vitae activae subire, ut per hoc ad contemplationem paratiores reddantur.

---

8. C.1: 1103a14-18; b26-31; 1105a17-21; S. Th. lect.1, nn.246-247; lect.2, nn.255-257; lect.4, n.280. Cf. q.186, a.5, ad2; I, q.62, a.9, ad1.
9. Loc. cit., n.57: PL 75, 761C.

학』 제2권⁸에서 말하듯이 작용을 통해서 습성이 얻어지고, 얻어진 습성을 통해서 더 완전하게 작용하는 것과 같다.

3. 정념에 더 쉽게 영향을 받는 이들은, 행동하고자 하는 충동 때문에 활동 생활에 더 적합하다. 영이 가만히 있지 않기 때문이다. 그래서 그레고리우스는 『욥기의 도덕적 해설』 제6권⁹에서 "어떤 이들은 일이 없으면 더 고생스러울 만큼 초조해진다. 생각할 수 있는 여유가 있으면, 마음속의 소란함이 더 커지기 때문이다."라고 말한다. ―그러나 또 다른 이들은 본성적으로 정신의 깨끗함과 고요함을 지니고 있어 관상에 더 적합하다. 활동에 전념하는 것은 이들에게 해롭다. 그래서 그레고리우스는 『욥기의 도덕적 해설』 제6권¹⁰에서 "어떤 이들은 정신이 한가로워서, 그들이 수고스런 일을 하게 되면 시작부터 넘어진다."라고 말한다.

그러나 그는[11] 바로 "흔히 사랑은 정신이 평온한 사람들도 일을 하도록 자극하고, 두려움은 초조한 이들도 관상에 붙잡아둔다."라고 덧붙인다. 그러므로 활동 생활에 더 적합한 이들은 활동을 행함으로써 관상을 준비할 수 있고, 관상에 더 적합한 이들은 활동 생활을 행함으로써 관상에 더 적합하게 준비될 수 있다.

---

10. Ibid.
11. Ibid., c.37, al.17, in vet.27, n.58: PL 75, 1044D.

〈주제 색인〉

[ㄱ]
감각상(phantasma) 45, 51, 127
감정(affectus) 15, 17, 19, 25, 35, 69, 99
경탄(admiratio) 29, 33, 35, 37
계시(revelatio) 37, 51
공로(meritum) 105, 115, 117, 119, 121, 123
관상 생활(vita contemplativa) 3-13, 15-77, 81, 83, 85, 87, 89, 91, 93, 99, 101, 103, 105-133
관상(contemplatio) 3, 5, 7, 9, 11, 15, 17, 19, 21, 25, 27, 29, 31, 33, 35, 37, 39, 41, 43, 45, 47, 49, 51, 53, 55, 57, 59, 61, 63, 65, 67, 69, 71, 73, 75, 77, 83, 85, 87, 91, 93, 99, 101, 103, 113, 117, 121, 123, 125, 127, 129, 133
기도(oratio) 29, 31, 35, 93

[ㄷ]
독서(lectio) 29, 31, 35

[ㅁ]
묵상(meditatio) 29, 33, 35, 41, 93

[ㅂ]
본성(natura) 41, 51, 67, 75, 77, 103, 129, 131, 133
본향(patria) 71, 75, 77, 99, 117, 131

[ㅅ]
사변(speculatio) 31, 33
상상(imaginatio) 33, 37, 49
생명(vita) 5, 7
습성(habitus) 67, 91, 95, 107, 133

[ㅇ]

악습(vitium) 81

영혼(anima) 5, 9, 23, 25, 37, 47, 49, 51, 53, 55, 59, 61, 65, 69, 75, 113, 117, 121, 123, 125, 129

움직임(motus) 5, 9, 15, 53, 55, 57, 59, 61, 63

원리(principium) 5, 7, 17, 31, 33, 39, 87, 109, 115

의지(voluntas) 19

이성(ratio) 7, 13, 27, 33, 37, 43, 59, 61, 63, 67, 87, 131

인식(cognitio) 11, 19, 29, 31, 33, 35, 51, 55, 57, 59, 61, 71, 85, 87, 89

[ㅈ]

절제(temperantia) 23, 27

정념(passio) 25, 27, 67, 101, 125, 127, 133

조명(illuminatio) 37, 51, 53, 55, 61, 63

지성(intellectus) 5, 7, 9, 11, 15, 17, 19, 21, 33, 39, 43, 53, 55, 57, 59, 63, 69, 73, 75, 77, 109, 111

지식(scientia) 67, 73, 91, 93, 95, 97

지향(intentio) 7, 17, 19, 25, 31, 43, 83, 85, 87, 131

지혜(sapientia) 5, 27, 35, 53, 65, 67, 91, 93, 95

진리(veritas) 7, 11, 13, 15, 17, 19, 21, 25, 31, 33, 35, 37, 39, 41, 43, 51, 59, 61, 69, 83, 89, 91, 93, 95, 111, 113, 115, 119

[ㅊ]

참사랑(caritas) 17, 19, 21, 67, 69, 81, 113, 115, 117, 119, 121

참행복(beatitudo) 39

천사(angelus) 31, 47, 51, 53, 55, 57, 59, 61, 97, 101, 103

[ㅋ]

쾌락(delectatio/voluptas) 9, 13, 19, 27, 63-73

[ㅍ]

평화(pax) 27

표지(signum) 33, 91, 93, 121

[ㅎ]

한가함(otium) 113, 119

현명(prudentia) 79, 85-91

활동 생활(vita activa) 3-13, 79-103, 105-133

황홀(raptus) 47, 49

## 〈인명 색인〉

그레고리우스(Gregorius) 5, 11, 17, 19, 21, 23, 39, 45, 47, 49, 51, 65, 69, 71, 73, 75, 77, 79, 81, 83, 85, 91, 93, 97, 99, 101, 103, 109, 113, 115, 117, 119, 125, 129, 131, 133
다마셰누스(Damascnus) 29
다윗(David) 41
디오니시우스(Dionysius) 5, 9, 15, 31, 49, 51, 53, 55, 59, 63, 77, 97
라헬(Rachel) 11, 17, 23, 109, 115
레아(Lia) 11, 81, 85, 109, 125
리카르두스(Richardus) (생 빅토르의) 29, 31, 33, 37, 55
마르타(Martha) 11, 109, 111, 123
마리아(Maria) 11, 29, 75, 107, 109, 111
바오로(Paulus, 사도 포함) 29, 49, 69, 107, 119
베네딕투스(Benedictus) 47, 51
베르나르두스(Bernardus) 29, 33, 37
보에티우스(Boethius) 113
살루스티우스(Sallustius) 89
아리스토텔레스(Aristoteles, 철학자 포함) 5, 9, 13, 17, 25, 33, 41, 51, 57, 71, 75, 77, 83, 87, 89, 91, 105, 109, 111
아우구스티누스(Augustinus) 9, 27, 33, 39, 41, 47, 69, 73, 87, 93, 97, 99, 101, 107, 109, 111, 113, 117, 119, 131
암브로시우스(Ambrosius) 23
야곱(Jacop) 11, 45, 49, 65, 71, 101
이시도루스(Isidorus) 81
크리소스토무스(Chrysostomus) 121
키케로(Cicero) 89

〈고전작품 색인〉

그레고리우스
　『대화』(*Dialogi*) 45
　『사목 규칙』(*Regula pastoralis*) 113
　『에제키엘서 강해』(*Homiliae in Hiezechihelem*) 5, 17, 21, 23, 47, 49, 65, 69, 71, 75, 77, 79, 81, 85, 91, 93, 97, 99, 113, 115, 117, 119, 125, 129, 131
　『욥기의 도덕적 해설』(*Moralia in Iob*) 11, 17, 23, 29, 45, 73, 101, 109, 117, 125, 127, 129, 133

디오니시우스
　『수도승 카이우스에게 보낸 서한』(*Epistola ad Caium monachum*) 49
　『신명론』(*De divinis nominibus*) 5, 9, 31, 53
　『천상위계』(*De coelesti hierarchia*) 51, 97

리카르두스 (생 빅토르의)
　『관상의 은총』(*De gratia contemplationis*) 55

베르나르두스
　『고찰』(*De consideratione*) 29, 37

보에티우스
　『철학의 위안』(*De consolatione philosophiae*) 113

아리스토텔레스
　『니코마코스 윤리학』(*Ethica nicomachea*) 7, 9, 25, 41, 65, 75, 83, 87, 109, 131
　『동물 부분론』(*De partibus animalium*) 71
　『영혼론』(*De anima*) 5, 9, 33, 51, 57
　『자연학』(*Physica*) 57
　『토피카』(*Topica*) 75, 105, 111

『형이상학』(*Metaphysica*) 17, 91

아우구스티누스
　『고백록』(*Confessiones*) 69, 73
　『독백』(*Soliloquia*) 27
　『삼위일체론』(*De trinitate*) 33, 39, 131
　『신국론』(*De civitate Dei*) 9, 87, 97, 99, 107, 113, 119
　『주님의 말씀』(*De verbo Dominini*) 93, 109, 111
　『참된 종교』(*De vera religione*) 41
　『창세기 문자적 해설』(*De genesi ad litteram*) 47

암브로시우스
　『성직자의 의무』(*De officiis ministrorum*) 23

이시도루스
　『최고선』(*De summo bono*) 81

크리소스토무스
　『뉘우침과 자제』(*De compunctione et continentia*) 121

키케로
　『직무론』(*De officiis*) 89

⟨성 토마스 작품 색인⟩

『니코마코스 윤리학 주해』(*In Ethic.*) 3, 9, 63, 73, 79, 85, 105
『대이교도대전』(*ScG*) 45, 73, 97, 105
『명제집 주해』(*In Sent.*) 3, 9, 17, 21, 29, 35, 45, 53, 73, 79, 85, 91, 97, 105, 115
『소년의 수도회 입회를 비난하는 전염병과도 같은 가르침 논박』(*Contra doct. retrah.*)
    21, 79, 91, 127
『시편 주해』(*In Psalm.*) 53
『신명론 주해』(*In De div. nom.*) 53
『요한복음서 강해』(*In Ioan.*) 45
『자유토론문제집』(*Quodlibet.*) 45, 115
『주간론 주해』(*In De hebd.*) 63
『진리론』(*De veritate*) 45, 53, 91, 97, 105, 127
『코린토 2서 강해』(*In Ep. II ad Cor.*) 45

〈성경 색인〉

[구약]
시편 35, 41, 67, 109, 111, 123
예레미야서 101
욥기 73
이사야서 27
지혜서 5, 27, 35, 53, 65, 69
집회서 123
창세기 10, 23, 45, 65, 101, 109
탈출기 107

[신약]
로마서 23, 41, 70, 119
루카복음서 11, 29, 75, 107, 109, 111, 119, 123
마태오복음서 19, 23, 96, 101
요한 1서 101
요한묵시록 123
요한복음서 115
코린토 1서 65, 73, 107, 115
히브리서 23

- **지은이: 토마스 아퀴나스**(S. Thomas Aquinas)

성 토마스 아퀴나스는 1244/5년 이탈리아 중남부의 귀족 가문에서 태어나 도미니코 수도회에 입회하였고, 때묻지 않은 '천사적' 순수함과 진리에 대한 지칠 줄 모르는 열정으로 13세기라는 역사상 드문 정치적·사상적 격변기를 헤쳐 나갔다. 그는 아리스토텔레스의 대부분의 작품들과 복음서 및 바오로의 주요 서간들에 대해 주해서를 집필하였고, 『대이교도대전』과 『토론문제집』 등 중요한 저작들을 남겼다. 특히 그리스 철학의 제 학파와 아랍 세계의 선진 이슬람 문명 등 당대까지 유럽에 전해져 서로 충돌하던 다양한 사상들을 그리스도교 진리의 빛 속에서 웅장하게 체계적으로 종합한 『신학대전』(Summa Theologiae)은 인류 문화사적 걸작으로 꼽는다. 그는 1274년 제2차 리옹공의회에 참석하러 가던 길에 중병을 얻어 포사노바에서 선종하였다.

1879년 교황 레오 13세는 회칙 『영원하신 아버지』를 통해 토마스의 사상을 가톨릭 교회의 공식 학설로 공표하였다.

- **옮긴이: 안소근**

성 도미니코 선교 수녀회 수녀. 서울 출생으로 서울대학교 인문대학 독어독문학과를 졸업하였으며, 서울 가톨릭대학교 신학대학과 교황청 성서대학에서 수학하고 성서학 박사 학위를 받았다. 대전 가톨릭대학교에서 구약성서를 가르쳤다.

저서로는 『시편: 이스라엘의 찬양 위에 좌정하신 분』(생활성서, 2011), 『아름다운 노래, 아가』(성서와함께, 2013), 『이사야서』(바오로딸, 2016-2017), 『구약 종주』(성서와함께, 2017), 『신약 종주』(성서와함께, 2018) 등이 있으며, 주요 역서로는 G. 바르비에로, 『아가: 새로운 번역, 입문과 주석』(가톨릭출판사, 2014), M. 질베, 『하늘의 지혜』(성서와함께, 2016), J. 노이너, 『가톨릭교회의 교리 문헌에 나타난 그리스도교 신앙』(공역, 가톨릭출판사, 2017), A. 소진, 『이스라엘 역사』(대전가톨릭대학교출판부, 2018) 등이 있다.

■ 진리의 협력자들

가르멜수도회(윤주현 신부) 가톨릭교리신학원(최승정 신부-김진태 신부) 가톨릭출판사(홍성학 신부) 강윤희신부 †곽성명마티아 교리48기(김순진 요안나) 구요비주교 기쁜소식(전갑수 사장) 김경애유스타 김남선교수 김남필아가다 김두라소화데레사 김명순소피아 김미라크레센시아 김미리파비올라 김미숙도미나 김미영안젤라 김복원요안나 김성수신부 김수남글라라 김영남신부 김영진신부 김영희글라라 김운장(대화제약 회장) 김운회주교 김웅태신부 김월자안젤라 김은주율리아나 김장이베로니카 김정렬사도 이한 김정이아네스 김정임세실리아 김종국신부 김채련율리아나 김철련스테파노 김철현신부 김청자 아가다 김항희마르타 김해영아나다시아 김혜경세레나 김혜경아네스 김효숙노엘라 김훈겸신부 김희서스테파노 김희중대주교 로사리오 성모의 도미니코수녀회(오하정 수녀) 마천동성당(장강택 신부) 목동성당(민병덕 신부) 문정동성당(이철호 신부) 박동균신부 박무학신부 박상수신부 박승찬엘리야 박영규사도요한 박영배요셉 박용선소화데레사 박정자소화데레사 박종호시몬 박찬윤신부 박표열정혜엘리사벳 박현숙글라라 방배4동성당(최동진 신부-이동익 신부) 방배동성당(안병철 신부) 배기현주교 배옥순시모니아 분당성마리아성당(윤종대 신부) 사랑의시튼수녀회(김영선 수녀) 상도동성당(곽성민 신부) 서명숙루치아 서영호율리아노 서인숙아네스 서초동성당(이찬일 신부) 서호숙데레사 세종로성당(박동균 신부) 성도미니코선교수녀회(안소근 수녀) 성병렬신부 손삼석주교 손윤정마리아 손희송주교 송기인신부 송인섭안드레아 송혜경루시아 신동재사도요한 신수정비비안나 신옥현루시아 심상태몬시뇰 양영복로사 양정희루시아 여규태요셉 염수정추기경 오금동성당(박희원 신부) 오승원신부 옥두석크리소스토모 원종철신부 원철희빈첸시오 †위재숙아나다시아 †유경촌주교 유덕희(경동제약 회장) 유식용(일도TCS 회장) 유영숙스콜라스티카 유정규요셉 †윤정자남파 이경상주교 이계숙루시아 이동익신부 이동호신부 이문동성당(박동호 신부) 이명순토마스 이미혜데레사 이민선로즈마리 이민주신부 이범현신부 이병호주교 이상진신부 이선용알베르토 이영기실비아 이완숙미카엘라 이용훈주교 이윤하신부 이재경토마스 아퀴나스 †이정국미카엘 이정석요한 이종상요셉 이종진사도요한 이 진안드레아 이준영아우구스티노 이화주가브리엘라 이효재로마노 임경헌티토 임경희미카엘라 잠실7동성당(김종수 신부) 잠원동성당(박항오 신부) 장석호모세 장우일레오 장춘복세바스티아나 장혜순카타리나 (재)신학과사상(백운철 신부) †전상순요안나 전상직(더맨 회장) 절두산순교지성당(정연정 신부) 정달용신부 정미애율리안나 정순택대주교 정복신안나 정영란마리아네스 †정영숙(다빈치 회장) †정의채몬시뇰 정종휴암브로시오 †정진석추기경 조광이냐시오 조규만주교 조선영카타리나 조신호델피노 조용주마리안나 조욱현신부 차상금이사벨 채려자요나 청담동성당(김민수 신부) 최명주율리아 최미묘분다 최상훈신부 최정훈신부 최중근테오도로 최창무대주교 최학분에디타 하계동성당(김웅태 신부) 학교법인가톨릭학원(김영국 신부) 한무숙문학관(김호기 박사) 혜화동성당(홍기범 신부-고준석 신부) 홍기순아가다 †홍순자요셉피나 황예성세실리아

### 지금까지 출간된 분책(2025년 현재)

- 제1권(I, qq.1-12), **[하느님의 존재]**, 정의채 옮김, 1985, 3판 2014, 751쪽.
  제1문 거룩한 가르침에 관하여. 제2문 신론-하느님이 존재하는가. 제3문 하느님의 단순성에 대하여. 제4문 하느님의 완전성에 대하여. 제5문 선 일반에 대하여. 제6문 하느님의 선성에 대하여. 제7문 하느님의 무한성에 대하여. 제8문 사물에 있어서의 하느님의 실재에 대하여. 제9문 하느님의 불변성에 대하여. 제10문 하느님의 영원성에 대하여. 제11문 하느님의 일체성(단일성)에 대하여. 제12문 하느님은 우리에게 어떻게 인식되는가에 대하여.

- 제2권(I, qq.13-19), **[하느님의 생명]**, 정의채 옮김, 1993, 2판 2014, 572쪽.
  제13문 하느님의 명칭에 대하여. 제14문 하느님의 지식에 대하여. 제15문 이데아에 대하여. 제16문 진리에 대하여. 제17문 허위에 대하여. 제18문 하느님의 생명에 대하여. 제19문 하느님의 의지에 대하여.

- 제3권(I, qq.20-30), **[하느님의 작용과 위격]**, 정의채 옮김, 1994, 2판 2000, 495쪽.
  제20문 하느님의 사랑에 대하여. 제21문 하느님의 정의와 자비에 대하여. 제22문 하느님의 섭리에 대하여. 제23문 예정에 대하여. 제24문 생명의 책에 대하여. 제25문 하느님의 능력에 대하여. 제26문 하느님의 참행복에 대하여. 제27문 하느님의 위격들의 발출에 대하여. 제28문 하느님 안에서의 관계들에 대하여. 제29문 하느님의 위격들에 대하여. 제30문 하느님 안에서의 위격들의 복수성에 대하여.

- 제4권(I, qq.31-38), **[위격들의 구별]**, 정의채 옮김, 1997, 293쪽.
  제31문 하느님 안에서 단일성 혹은 복잡성에 속하는 것들에 대하여. 제32문 하느님의 위격들의 인식에 대하여. 제33문 성부의 위격에 대하여. 제34문 성자의 위격에 대하여. 제35문 모습(혹은 모상)에 대하여. 제36문 성령의 위격에 대하여. 제37문 사랑이라는 성령의 명칭에 대하여. 제38문 은사라는 성령의 명칭에 대하여.

- 제5권(I, qq.39-43), **[위격들의 관계]**, 정의채 옮김, 1998, 345쪽.
제39문 본질과 비교된 위격들에 대하여. 제40문 관계들 내지는 고유성들과의 비교에 있어서의 위격들에 대하여. 제41문 인식 표징적(혹은 식별 표징적) 작용들과의 비교에 있어서의 위격들에 대하여. 제42문 하느님의 위격들 상호간의 동등성과 유사성에 대하여. 제43문 하느님의 위격들의 파견에 대하여.

- 제6권(I, qq.44-49), **[창조]**, 정의채 옮김, 1999, 339쪽.
제44문 피조물들의 하느님으로부터의 발출과 모든 유의 제1원인에 대하여. 제45문 사물들의 제1근원으로부터의 유출의 양태에 대하여. 제46문 창조된 사물들의 지속의 시작에 대하여. 제47문 사물들의 구별 일반에 대하여. 제48문 사물들의 구별에 대한 각론. 제49문 악의 원인에 대하여.

- 제7권(I, qq.50-57), **[천사]**, 윤종국 옮김, 정의채 감수, 2010, 379쪽.
제50문 천사의 실체 자체에 대하여. 제51문 천사와 물체의 비교에 대하여. 제52문 장소에 대한 천사의 비교에 대하여. 제53문 천사의 장소적 운동에 대하여. 제54문 천사의 인식 작용에 대하여. 제55문 천사의 인식 수단에 대하여. 제56문 비물질적 사물의 일부에서 얻는 천사의 인식에 대하여. 제57문 질료적 사물들의 성찰에 따른 천사의 인식에 대하여.

- 제8권(I, qq.58-64), **[천사의 활동]**, 강윤희 옮김, 2020, 368쪽.
제58문 천사의 인식 양태에 대하여. 제59문 천사의 의지에 대하여. 제60문 천사의 사랑 혹은 애정에 대하여. 제61문 천사가 본성적 존재로 창조되었음에 대하여. 제62문 천사가 은총과 영광의 상태로 완성됨에 대하여. 제63문 천사의 악의와 탓에 대하여 제64문 악령들의 형벌에 대하여.

- 제9권(I, qq.65-74), **[우주 창조]**, 김춘오 옮김, 정의채 감수, 2010, 424쪽.
제65문 물체적 피조물들의 창조 작업에 대하여. 제66문 구별에 대한 피조물들의 질서에 대하여. 제67문 자체 안에서의 구별 작업에 대하여. 제68문 둘째 날의 작업에 대하여. 제69문 셋째 날의 작업에 대하여. 제70문 넷째 날에 대한 장식 작업에 대하여. 제71문 다섯째 날에 대하여. 제72문 여섯째 날에 대하여. 제73문 일곱째 날에 속한 어떤 것에 대하여. 제74문 공통적인 것들 안에서 모든 일곱 날에 대하여.

- 제10권(I, qq.75-78), **[인간]**, 정의채 옮김, 2003, 383쪽.
  **제75문** 인간론: 영적 실체와 물체적 실체로 복합된 인간에 대하여. **제76문** 혼의 신체와의 하나됨(합일)에 대하여. **제77문** 혼의 능력 일반에 속하는 것들에 대하여. **제78문** 혼의 개별적 능력들에 대하여.

- 제11권(I, qq.79-83), **[인간 영혼의 능력]**, 정의채 옮김, 2003, 320쪽.
  **제79문** 지성적 능력들에 대하여. **제80문** 욕구적 능력 일반에 대하여. **제81문** 감성적 능력에 대하여. **제82문** 의지에 대하여. **제83문** 자유의사에 대하여.

- 제12권(I, qq.84-89), **[인간의 지성]**, 정의채 옮김, 2013, 511쪽.
  **제84문** 신체와 결합된 영혼은 어떻게 자신보다 하위에 있는 물체적인 것들을 인식하는가. **제85문** 지성 인식의 양태와 서열에 대하여. **제86문** 우리 지성은 질료적 사물들에 있어 무엇을 인식하는가. **제87문** 지성적 혼은 어떻게 자기 자신과 자기 안에 있는 것들을 인식하는가. **제88문** 인간 혼은 어떻게 자기의 상위에 있는 것들을 인식하는가. **제89문** 분리된 영혼의 인식에 대하여.

- 제13권(I, qq.90-102), **[하느님의 모상으로 창조된 인간]**, 김율 옮김, 2008, 505쪽.
  **제90문** 인간 혼의 첫 산출에 대하여. **제91문** 첫 인간의 신체의 산출에 대하여. **제92문** 여자의 산출에 대하여. **제93문** 인간의 산출 목적 또는 결말에 대하여. **제94문** 첫 인간의 지성 상태와 조건에 대하여. **제95문** 첫 인간의 의지에 관련된 사항들, 곧 은총과 정의에 대하여. **제96문** 무죄의 상태에서 인간이 가지고 있던 지배권에 대하여. **제97문** 첫 인간의 상태에서 개인의 보존. **제98문** 종의 보존에 대하여. **제99문** 태어났을 자손의 신체적 조건에 대하여. **제100문** 태어났을 자손의 정의의 조건에 대하여. **제101문** 태어났을 자손의 지식의 조건에 대하여. **제102문** 인간의 거처, 곧 낙원에 대하여.

- 제14권(I, qq.103-114), **[하느님의 통치]**, 이상섭 옮김, 2009, 607쪽.
  **제103문** 사물들의 통치 일반에 대하여. **제104문** 하느님 통치의 특수한 결과들에 대하여. **제105문** 하느님에 의한 피조물들의 변화에 대하여. **제106문** 한 피조물은 다른 피조물들을 어떻게 움직이는가. 제107문 천사들의 말에 대하여. 제108문 위계와 질서에 따르는 천사들의 질서지움에 대하여. 제109문 악한 천사들의 질서지움에 대하여. 제110문 물체적 피조물들에 대한 천사들의 통할에 대하여. 제111문 인간들에 대한 천사들의 작용에 대하여. 제112문 천사들의 파견에 대하여. 제113문 선한 천사들의 보호에 대하여. 제114문 마귀들의 공격에 대하여.

- 제15권(I, qq.115-119), **[우주의 질서]**, 김정국 옮김, 2010, 307쪽.
  제115문 물체적 피조물의 작용에 대하여. 제116문 숙명에 대하여. 제117문 인간의 작용과 관련된 것에 대하여. 제118문 혼과 관련한 인류의 번식에 대하여. 제119문 육체에 관련된 인류의 번식에 대하여.

- 제16권(I-II, qq.1-5), **[참행복]**, 정의채 옮김, 2000, 417쪽.
  제1문 인간의 궁극 목적에 대하여. 제2문 인간의 참행복이 있는 것들에 대하여. 제3문 참행복이란 무엇인가. 제4문 참행복을 위해 요구되는 것들에 대하여. 제5문 참행복에의 도달에 대하여.

- 제17권(I-II, qq.6-17), **[인간적 행위]**, 이상섭 옮김, 2019, xlviii-444쪽.
  제6문 의지적인 것과 비의지적인 것에 대하여. 제7문 인간적 행위의 상황들에 대하여. 제8문 의지에 대하여, 의지는 무엇을 대상으로 갖는가? 제9문 의지의 동인에 대하여. 제10문 의지가 움직여지는 방식에 대하여. 제11문 향유라는 의지 작용에 대하여. 제12문 지향에 대하여. 제13문 수단과 관련된 의지의 작용인 선택에 대하여. 제14문 선택에 앞서는 숙고에 대하여. 제15문 수단과 관련된 의지 작용인 동의에 대하여. 제16문 수단과 관련된 의지의 작용인 사용에 대하여. 제17문 의지에 의해 명령된 작용에 대하여.

- 제18권(I-II, qq.18-21), **[도덕성의 원리]**, 이재룡 옮김, 2019, lx-264쪽.
  제18문 인간적 행위에서의 선성과 악성에 대하여. 제19문 의지의 내적 행위의 선성과 악성에 대하여. 제20문 인간의 외적 행위의 선성과 악성에 대하여. 제21문 인간적 행위의 귀결들과 그 선성 또는 악성에 대하여.

- 제19권(I-II, qq.22-30), **[정념]**, 김정국 옮김, 2020, I-270쪽.
  제22문 영혼의 정념의 주체에 대하여. 제23문 정념 상호간의 차이에 대하여. 제24문 영혼의 정념들에 있어서 선과 악에 대하여. 제25문 정념들 상호간의 질서에 대하여. 제26문 사랑에 대하여. 제27문 사랑의 원인에 대하여. 제28문 사랑의 결과에 대하여. 제29문 미움에 대하여. 제30문 욕망에 대하여.

- 제20권(I-II, qq.31-39), **[쾌락]**, 이재룡 옮김, 2020, lviii-236쪽.
  제31문 쾌락 그 자체에 대하여. 제32문 쾌락의 원인에 대하여. 제33문 쾌락의 결과에 대하여. 제34문 쾌락의 선성과 악성에 대하여. 제35문 고통 또는 슬픔 그 자체에 대하여. 제36문 슬픔 또는 고통의 원인에 대하여. 제37문 고통 또는 슬픔의 결과에 대하여. 제38문 슬픔 또는 고통의 결과에 대하여. 제39문 슬픔 또는 고통의 선성과 악성에 대하여.

- 제21권(I-II, qq.40-48), **[두려움과 분노]**, 채이병 옮김, 2020, lxii-278쪽.
  제40문 분노적 정념들에 대하여. 먼저 희망과 절망에 대하여. 제41문 두려움 그 자체에 대하여. 제42문 두려움의 대상에 대하여. 제43문 두려움의 원인에 대하여. 제44문 두려움의 결과에 대하여. 제45문 담대함에 대하여. 제46문 분노 그 자체에 대하여. 제47문 분노를 일으키는 원인과 그 대처 수단에 대하여. 제48문 분노의 결과에 대하여.

- 제22권(I-II, qq.49-54), **[습성]**, 이재룡 옮김, 2020, lviii-234쪽.
  제49문 습성의 실체 자체에 대하여. 제50문 습성의 주체에 대하여. 제51문 습성의 생성 원인에 대하여. 제52문 습성의 성장에 대하여. 제53문 습성의 소멸과 약화에 대하여. 제54문 습성의 구별에 대하여.

- 제23권(I-II, qq.55-67), **[덕]**, 이재룡 옮김, 2020, lxxvi-558쪽.
  제55문 덕의 본질에 대하여. 제56문 덕의 주체에 대하여. 제57문 지성적 덕의 구별에 대하여. 제58문 도덕적 덕과 지성적 덕의 구별에 대하여. 제59문 도덕적 덕과 정념 사이의 구별에 대하여. 제60문 도덕적 덕들 상호간의 구별에 대하여. 제61문 추요덕에 대하여. 제62문 대신덕에 대하여. 제63문 덕의 원인에 대하여. 제64문 덕의 중용에 대하여. 제65문 덕들 사이의 상호 연관성에 다하여. 제66문 덕들의 동등성에 대하여. 제67문 후세에서의 덕의 지속에 대하여.

- 제24권(I-II, qq.68-70), **[성령의 선물]**, 채이병 옮김, 2020, liv-152쪽.
  제68문 선물들에 대하여. 제69문 참행복에 대하여. 제70문 성령의 열매에 대하여.

- 제25권(I-II, qq.71-80), **[죄]**, 안소근 옮김, 2020, l-452쪽.
  제71문 악습과 죄 자체에 대하여. 제72문 죄의 구별에 대하여. 제73문 죄들의 상호 비교에 대하여. 제74문 죄의 주체에 대하여. 제75문 죄의 일반적 원인에 대하여. 제76문 죄의 특수 원인에 대하여. 제77문 감각적 욕구 편에서 본 죄의 원인에 대하여. 제78문 죄의 원인인 악의에 대하여. 제79문 죄의 외부적 원인에 대하여(1): 하느님. 제80문 죄의 외부적 원인에 대하여(2): 악마.

- 제26권(I-II, qq.81-85), **[원죄]**, 정현석 옮김, 2021, lii-191쪽.
  제81문 인간 편에서의 원죄의 원인에 대하여. 제82문 원죄의 본질에 대하여. 제83문 원죄의 주체에 대하여. 제84문 어떤 죄가 죄의 원인이 된다는 점에서 죄의 원인에 대하여. 제85문 죄의 결과에 대하여.

- 제27권(I-II, qq.86-89), **[죄의 결과]**, 윤주현 옮김, 2021, xlviii-164쪽.
  제86문 죄의 흠결에 대하여. 제87문 벌의 죄책에 대하여. 제88문 경죄와 사죄에 대하여. 제89문 경죄 자체에 대하여.

- 제28권(I-II, qq.90-97), **[법]**, 이진남 옮김, 2020, l-289쪽.
  제90문 법의 본질에 대하여. 제91문 법의 종류에 대하여. 제92문 법의 효력에 대하여. 제93문 영원법에 대하여. 제94문 자연법에 대하여. 제95문 인정법에 대하여. 제96문 인정법의 효력에 대하여. 제97문 법의 개정에 관하여.

- 제29권(I-II, qq.98-105) **[옛 법]**, 이경상 옮김, 2021, lxiv-608쪽.
  제98문 옛 법에 대하여. 제99문 옛 법의 규정들에 대하여. 제100문 옛 법의 도덕적 규정들에 대하여. 제101문 예식 규정들에 대하여. 제102문 예식 규정들의 원인에 대하여. 제103문 예식 규정들의 기한에 대하여. 제104문 사법 규정들에 대하여. 제105문 사법 규정들의 근거에 대하여.

- 제30권(I-II, qq.106-114), **[새 법과 은총]**, 이재룡 옮김, 2021, lxxviii-570쪽.
  제106문 복음의 새 법에 대하여. 제107문 새 법과 옛 법의 비교에 대하여. 제108문 새 법의 내용에 대하여. 제109문 은총의 필요성에 대하여. 제110문 은총의 본질 대하여. 제111문 은총의 구분에 대하여. 제112문 은총의 원인에 대하여. 제113문 은총의 효과인 불경한 자의 의화에 대하여. 제114문 공로에 대하여.

- 제31권(II-II, qq.1-7), **[신앙]**, 박승찬 옮김, 2022, cxiv-412쪽.
  제1문 신앙의 대상에 대하여. 제2문 신앙의 내적 행위에 대하여. 제3문 신앙의 외적인 행위에 대하여. 제4문 신앙의 덕 자체에 대하여. 제5문 신앙을 지닌 이들에 대하여. 제6문 신앙의 원인에 대하여. 제7문 신앙의 효과에 대하여.

- 제32권(II-II, qq.8-16), **[신앙(II)]**, 박승찬 옮김, 2022, xlix-366쪽.
  제8문 통찰의 선물에 대하여. 제9문 지식의 선물에 대하여. 제10문 불신앙 일반에 대하여. 제11문 이단에 대하여. 제12문 배교에 대하여. 제13문 독성의 죄 일반에 대하여. 제14문 성령을 거스르는 독성에 대하여. 제15문 정신의 맹목과 감각의 우둔함에 대하여. 제16문 신앙, 지식, 통찰에 관련된 계명에 대하여.

- 제33권(II-II, qq.17-22), **[희망]**, 이재룡 옮김, 2022, lviii-266쪽.
  제17문 희망 그 자체에 대하여. 제18문 희망의 주체에 대하여. 제19문 두려움의 선물에 대하여. 제20문 절망에 대하여. 제21문 자만에 대하여. 제22문 희망과 두려움에 속하는 계명들에 대하여.

- 제34권(II-II, qq.23-33), **[참사랑]**, 안소근 옮김, 2022, lvi-604쪽.
  제23문 참사랑 그 자체. 제24문 참사랑의 주체. 제25문 참사랑의 대상. 제26문 참사랑의 질서. 제27문 참사랑의 주요 행위인 사랑. 제28문 즐거움. 제29문 평화. 제30문 자비. 제31문 선행. 제32문 자선. 제33문 형제적 교정.

- 제35권(II-II, qq.34-44), **[참사랑(II)]**, 안소근 옮김, 2022, lii-322쪽.
  제34문 미움에 대하여. 제35문 나태에 대하여. 제36문 질투에 대하여. 제37문 불화에 대하여. 제38문 논쟁에 대하여. 제39문 이교에 대하여. 제40문 전쟁에 대하여. 제41문 싸움에 대하여. 제42문 반란에 대하여. 제43문 걸림돌에 대하여. 제44문 참사랑의 계명들에 대하여.

- 제36권(II-II, qq.45-56), **[지혜와 현명]**, 이상섭 옮김, 2023, lxxiv-410쪽.
  제45문 지혜의 선물에 대하여. 제46문 어리석음에 대하여. 제47문 현명 자체에 대하여. 제48문 현명의 부분들에 대하여. 제49문 현명의 통전적 부분들 각각에 대하여. 제50문 현명의 종속적 부분들에 대하여. 제51문 현명의 잠재적 부분들에 대하여. 제52문 숙고의 선물에 대하여. 제53문 경솔함에 대하여. 제54문 게으름에 대하여. 제55문 현명과 유사성을 갖는, 현명에 대립하는 악습에 대하여. 제56문 현명에 속하는 계명들에 대하여.

- 제37권(II-II, qq.57-62), **[정의]**, 이재룡 옮김, 2023, lxiv-307쪽.
  제57문 권리에 대하여. 제58문 정의에 대하여. 제59문 불의에 대하여. 제60문 재판에 대하여. 제61문 정의의 부분들에 대하여. 제62문 배상에 대하여.

- 제38권(II-II, qq.63-79), **[불의]**, 박동호 옮김, 2023, lix-544쪽.
  제63문 편애하는 행위에 대하여. 제64문 살인에 대하여. 제65문 사람에게 저지른 다른 위해에 대하여. 제66문 절도와 강도에 대하여. 제67문 재판(법적 절차)에 있어 재판관의 불의에 대하여. 제68문 부당한 고발에 속하는 것들에 관하여. 제69문 재판 당사자(피고발인) 편에서 정의를 거스르는 죄에 대하여. 제70문 증언하는 사람에 속한 불의에 대하여. 제71문 재판에서 변호인 편에서 행해진 불의에 대하여. 제72문 불손(모욕)에 대하여. 제73문 폄훼(비방)에 대하여. 제74문 소문 퍼뜨리기에 대하여. 제75문 조롱에 대하여. 제76문 저주(악담)에 대하여. 제77문 구매와 판매(매매)에서 저질러진 사기에 대하여. 제78문 이자(고리)의 죄에 대하여. 제79문 정의의 유사 부분에 대하여.

- 제39권(II-II, qq.80-91), **[종교와 경신]**, 윤주현 옮김, 2023, lxxxvii-548쪽.
  제80문 정의의 잠재적 부분들에 대하여. 제81문 종교에 대하여. 제82문 신심에 대하여. 제83문 기도에 대하여. 제84문 흠숭에 대하여. 제85문 희생제사에 대하여. 제86문 봉헌들과 맏물들에 대하여. 제87문 십일조에 대하여. 제88문 서원에 대하여. 제89문 맹세에 대하여. 제90문 선서 방식을 통한 신적 이름을 취함에 대하여. 제91문 찬미를 통해 부르기 위해 신적 이름을 취하는 것에 대하여.

- 제40권(II-II, qq.92-100), **[종교와 경신(II)]**, 윤주현 옮김, 2024, lxxxvii-332쪽.
  제92문 미신에 대하여. 제93문 참된 하느님께 부적절한 예배를 드리는 미신에 대하여. 제94문 우상숭배에 대하여. 제95문 점술적 미신에 대하여. 제96문 규범들의 미신들에 대하여. 제97문 하느님을 시험하는 것에 대하여. 제98문 위증에 대하여. 제99문 신성모독에 대하여. 제100문 성직매매에 대하여.

- 제41권(II-II, qq.101-122), **[사회적 덕]**, 김성수 옮김, 2024, lxv-620쪽.
  제101문 경건[효경]에 대하여. 제102문 준수에 대하여. 제103문 공경에 대하여. 제104문 순종에 대하여. 제105문 불순종에 대하여. 제106문 감사 또는 사은에 대하여. 제107문 배은에 대하여. 제108문 응징에 대하여. 제109문 진리에 대하여. 제110문 진리에 반대되는 악습들에 대하여. 제111문 가장과 위선에 대하여. 제112문 허세에 대하여. 제113문 자조에 대하여. 제114문 우정 또는 다정함에 대하여. 제115문 아첨에 대하여. 제116문 말다툼에 대하여. 제117문 아량에 대하여. 제118문 인색에 대하여. 제119문 낭비에 대하여. 제120문 공정에 대하여. 제121문 경건[효경]의 은사에 대하여. 제122문 정의의 계명들에 대하여.

- 제42권(II-II, qq.123-140), **[용기]**, 임경헌 옮김, 2024, lxii-466쪽.
  제123문 용기에 대하여. 제124문 순교에 대하여. 제125문 두려움에 대하여. 제126문 두려움 없음의 악습에 대하여. 제127문 담대함에 대하여. 제128문 용기의 부분들에 대하여. 제129문 웅지에 대하여. 제130문 자만에 대하여. 제131문 야욕에 대하여. 제132문 허영에 대하여. 제133문 소심함에 대하여. 제134문 관대에 대하여. 제135문 쩨쩨함에 대하여. 제136문 인내에 대하여. 제137문 항구함에 대하여. 제138문 항구함에 대립하는 악습들에 대하여. 제139문 용기의 선물에 대하여. 제140문 용기의 계명들에 대하여.

- 제43권(II-II, qq.141-154), **[절제]**, 이재룡 옮김, 2024, lxxv-548쪽.
  제141문 절제에 대하여. 제142문 절제에 대립되는 악습들에 대하여. 제143문 절제의 부분들에 대하여. 제144문 부끄러움에 대하여. 제145문 정직함에 대하여. 제146문 절식에 대하여. 제147문 단식에 대하여. 제148문 탐식에 대하여. 제149문 절주에 대하여. 제150문 숙취에 대하여. 제151문 정결에 대하여. 제152문 동정에 대하여. 제153문 색욕의 악습에 대하여. 제154문 색욕의 종류에 대하여.

- 제44권(Ⅱ-Ⅱ, qq.155-170), **[절제(Ⅱ)]**, 이재룡 옮김, 근간.
  제155문 자제에 대하여. 제156문 자제력 없음에 대하여. 제157문 너그러움과 온유에 대하여. 제158문 진노에 대하여. 제159문 잔혹함에 대하여. 제160문 단정함에 대하여. 제161문 겸손에 대하여. 제162문 교만에 대하여. 제163문 원조들의 죄에 대하여. 제164문 원조들의 벌에 대하여. 제165문 원조들의 유혹에 대하여. 제166문 면학성에 대하여. 제167문 호기심에 대하여. 제168문 육체 동작의 절도에 대하여. 제169문 겉꾸밈에 대하여. 제170문 절제의 계명들에 대하여.

- 제45권(Ⅱ-Ⅱ, qq.171-178), **[예언과 은사]**, 안소근 옮김, 2025, l-302쪽.
  제171문 예언에 대하여. 제172문 예언의 원인에 대하여. 제173문 예언적 인식의 방법에 대하여. 제174문 예언의 구분에 대하여. 제175문 황홀에 대하여. 제176문 언어의 은총에 대하여. 제177문 말에 관한 무상 은총에 대하여. 제178문 기적의 은총에 대하여.

- 제46권(Ⅱ-Ⅱ, qq.179-182), **[활동과 관상]**, 안소근 옮김, 2025, xliv-154쪽.
  제179문 활동 생활과 관상 생활에 대하여. 제180문 관상 생활에 대하여. 제181문 활동 생활에 대하여. 제182문 활동 생활과 관상 생활의 비교에 대하여.